法藏知津

七 編

杜潔祥 主編

第 28 冊

《大乘起信論》與佛耶對話

陳 倩 著

花木蘭文化事業有限公司

國家圖書館出版品預行編目資料

《大乘起信論》與佛耶對話／陳倩 著 -- 初版 -- 新北市：花木
蘭文化事業有限公司，2021〔民 110〕
目 4+176 面；19×26 公分
簡體字版
（法藏知津七編 第 28 冊）
ISBN 978-986-518-077-5（精裝）
1. 大乘論 2. 佛教修持
240.8   109000611

ISBN-978-986-518-077-5

法藏知津七編
第二八冊   ISBN：978-986-518-077-5

《大乘起信論》與佛耶對話

作　　者　陳倩
主　　編　杜潔祥
副總編輯　楊嘉樂
編　　輯　許郁翎、張雅淋　美術編輯　陳逸婷
出　　版　花木蘭文化事業有限公司
發 行 人　高小娟
聯絡地址　235 新北市中和區中安街七二號十三樓
　　　　　電話：02-2923-1455 ／傳真：02-2923-1452
網　　址　http://www.huamulan.tw 信箱 service@huamulans.com
印　　刷　普羅文化出版廣告事業
初　　版　2021 年 3 月
定　　價　七編 29 冊（精裝）新台幣 86,000 元　　　版權所有‧請勿翻印

《大乘起信論》與佛耶對話

陳倩　著

作者簡介

陳倩，女，漢族，1985年生，四川成都人。2016年12月畢業於香港中文大學文化及宗教研究系，獲哲學博士學位；2012年7月畢業於武漢大學哲學院，獲哲學碩士學位；2008年畢業於武漢大學國學試驗班，獲文學學士學位。2017年3月起任教於西安外國語大學中國語言文學學院，為本科生開設「四書導讀」、「中國哲學史」等課程。個人研究領域包括中國哲學、佛教哲學、宗教比較研究等。

提　要

《大乘起信論》是一部對中國佛學乃至整個東亞佛教發展有著深遠影響的重要論典。19世紀末至20世紀初，《起信論》作為東亞大乘佛教的標志性經典被傳譯到了西方，這就是鈴木大拙與李提摩太的兩次英譯。對這兩次翻譯的研究目前集中於從譯者所處的歷史情境來解讀其翻譯的特點和背後的動機，二者溝通文化與宗教的初衷則多少被忽略了。

隨著歷史的發展，如今的宗教間對話已經達到了相當的深度和廣度。受二者啟發，筆者將提出，若放在當代佛耶對話的企劃中，《起信論》又能否成為一個恰當的媒介或對象？在目前的佛耶對話研究中，已有一些拓荒之作，它們以《起信論》中「一心二門」、「隨緣不變」等思想為工具，討論基督教神學中基督論、三一論等重要問題。這類研究指出，在漢語基督教神學的語境中，相較中觀與唯識，如來藏思想可能更有幫助。

筆者試圖探討，以《起信論》這部「大乘共法」本身為綱領，在當今的佛耶對話研究中是否可以有更多可供發掘的課題？《起信論》的內容全面涉及終極實在（ultimate reality）、人性論、拯救論、信仰觀與修行觀，這些方面的比較正是當前佛耶對話的重要內容。而筆者所見，關於這些主題，當前的研究不僅鮮有論及《起信論》者，基督教傳統中的參與方也僅限於天主教與新教。筆者將提出，被忽視的東正教傳統實亦有更豐富的內容可與大乘佛教對話，例如其與新教傳統頗為異趣的人性論和成神論。而在修行觀的比較中，部派佛教及禪宗的修行實踐是佛教一方最大的主角，這些比較的結果，往往終止於耶佛二宗教在終極目的上的根本差別。筆者將提出，若以《起信論》的修行觀為對象，或許可以改進（或推進）這類對話的內容。通過上述的系統考察，筆者認為，作為如來藏思想之代表經典與大乘佛法之總括，《起信論》應當是一適宜而「大公」的對象，來拓展和推進對話的空間。

目

次

导　论

　　在佛教典籍中，《大乘起信论》（下称《起信论》）与中国佛学的发展有着密切的关系，它在经历从疑伪经到圣典化的过程中，在不断的解读史与诠释史中，成为了对中国乃至整个东亚佛教有着深远影响的重要论典。[1]学者认为，《起信论》正是印度佛学东传以后与中国本土文化相互"涵化"（acculturation），形成颇具特色的中国化佛学的结果。[2]《起信论》的出现，本身就展示着文明对话及融合的可能和可行性。

　　19 世纪末至 20 世纪初，东西方文化的交流与碰撞开始呈现蓬勃之势，这时有人将眼光落到了《起信论》上，作为东亚大乘佛教的代表性经典，它被传译到了西方，这就是铃木大拙（1870-1966）与李提摩太（1845-1919）的两次英译，他们希望藉此作为文明对话、文化沟通的桥梁。对这两次翻译，目前有一些研究，它们集中从文明较量的角度来理解，即从译者所处的历史情境来解读其翻译的特点和背后的动机。例如，认为铃木大拙的翻译需要放在他为东亚大乘佛教张目、为日本民族文化树立自信的整体语境下才能被恰当地理解；而李提摩太的翻译则要放在他传教的使命中，即把大乘佛教"建构"成基督教福音的亚洲形式的情形下来解读。而关于两者的初衷——沟通佛教与西方文化（尤其是沟通佛教与基督教），《起信论》是否起到了预期的作用，则多少被忽略了。进一步的问题，他们两者的翻译与诠释，是否忠实传达了、

1　参考 Whalen Lai, "*The Awakening of Faith in Mahayana (Ta-Ch'eng Ch'i-Hsin Lun): A Study of the Unfolding of Sinitic Mahayana Motifs*" (Ph.D. diss., Harvard University, 1975).

2　详参龚隽：《〈大乘起信论〉与佛学中国化》（台北：文津出版社，1994 年）。

或者在何种程度上歪曲了《起信论》的思想？在他们做的文明对话的努力中，有否夸大或抹煞佛耶之间的差别？这是本文首先要补充的"未尽之言"。

随着历史的发展和文化交流的进一步深入，如今的宗教间对话在深度和广度上早已超出了两位译者那个时代的初步亦粗浅的沟通。受二者启发，本文将提出另一个问题，若放在当代佛耶对话的企划中，《起信论》又能否成为一个恰当的媒介或对象？实际上，在目前的佛耶对话（或比较宗教学）研究中，已有一些拓荒之作，它们以《起信论》中"一心二门"、"随缘不变"等思想为工具，讨论基督教神学中基督论、三一论等重要问题。这些研究之所以是开拓性或补足性的，是因为已有的佛耶对话往往以部派佛教或大乘佛教般若宗、唯识宗为对象，而在有意无意间将如来藏传统视为"不纯的佛学"加以忽视。这类研究恰好指出，在汉语基督教神学的语境中，相较中观与唯识，如来藏思想可能更有帮助、更见意义。

本文试图探讨，以《起信论》这部赅括"大乘共法"的"佛学大全"本身为纲领，在当今的佛耶对话研究中是否可以有更多可供发掘的课题？《起信论》是对大乘佛教各发展阶段之教义和修习方法的系统总结，正是元晓（617-686）之所谓"诸论之祖宗，群诤之评主"。按传统的归纳，《起信论》的内容可概括为"一心、二门、三大、四信、五行"，对《起信论》的真伪之辨，对其"一心、二门、三大"之义理的论述和研究业已汗牛充栋，但对其实践论部分的"四信"与"五行"，学界却着墨不多。如日本学者羽毛田义人所论，尽管该论十分关心哲学的概念和界定，但从根本上说，仍是一部旨在引导学人充分理解大乘佛法的宗教经典和指南，其所有论证的目的，就是为了引导人们对佛法的悟解。[3] 因此，其谈论信仰和实践的部分理应得到恰当的重视。故本文将从《起信论》本身入手，按本体论、人性论、拯救论、信仰观、修行观的脉络，系统界定其重要主题，再探索在佛耶对话相关主题中它可以有何启发。

Paul O. Ingram 曾在其所著《佛耶对话的进程》（*The Process of Buddhist-Christian Dialogue*）[4] 一书中对不同阶段佛耶对话的进展做了全面总结。他按内容将当前的佛耶对话分为四类：概念对话（Conceptual Dialogue）、

---

3 Yoshito Hakeda (tr.), *The Awakening of Faith: Attributed to Asvaghosha* (New York: Columbia University Press, 1967). pp. 3-4.

4 Paul O. Ingram, *The Process of Buddhist-Christian Dialogue* (Eugene, Or: Cascade Books, 2009).

社会参与对话（Social Engaged Dialogue）、佛教基督教与自然科学的三方概念对话（Conceptual Dialogue with the Natural Science）以及内在对话（Interior Dialogue）。（1）概念对话中，佛教与基督教在神学与哲学上比较如下问题：例如终极实在、人性、受苦与恶，基督教信仰中耶稣的角色、佛教信仰中佛陀的角色，此类比较的目的之一是二者在观念上的沟通与互相学习。[5]（2）社会参与对话涉及到宗教思想与实践中与社会、环境、经济、性别平等诸问题相关的内容。这些问题因其系统性、全球性和相互关联，既非专属文化亦非专属宗教，全人类都经历着这些压迫。在这些问题上，耶佛二宗教有许多共同的经验和资源来合作，以期携手从全球性的压迫中解放人类和自然。[6]（3）而与自然科学的对话要应对的是自然科学向各宗教传统提出的许多挑战，这需要全部科学、人文学科和全世界宗教的综合参与。这类对话的前驱者已在宇宙论、演化生物学与神经科学等方面有了不少成果。[7]这些成果显示，对自然科学与宗教间对话保持开放态度，往往会成为对宗教信仰与实践实现创造性转化的一种途径。[8]（4）内在对话则致力于参与耶佛二宗教的精神实践和技术。[9]修行实践之于宗教信仰的重要性无需赘言，修行实践不能被看作工具，而应该是与教义理论不二，所谓知行合一、学行兼修、见行相应，种种表达皆是一理。在这些对话中，或有参与者相信，耶佛二宗教在教义的不同之外却有经验上的相似与类比，佛教与基督教发现的实在（reality）是超越教义、语言的分野之名异而实同的绝对实在（absolute reality）。或有参与者提出，基督教应超出传统教义的束缚，借鉴佛教的实践，帮助基督徒理解基督的复活与永生，或悟入上帝的奥秘。[10]

　　由于《起信论》的内容全面涉及终极实在（ultimate reality）、人性论、拯救论、信仰观与修行观，这些方面的比较正是当前佛耶对话的重要内容，分属概念对话和内在对话的类别。而笔者所见，关于这些主题，当前的研究不仅鲜有论及《起信论》者，基督教传统中的参与方也仅限于天主教与新教。例如，学者往往以净土真宗的"信"与新教的唯恩典论作比较，讨论二宗教

5　Ibid., p. 29.
6　Ibid., p. 83.
7　Ibid., p. 54.
8　Ibid., pp. 56-79.
9　Ibid., p. 104.
10　Ibid., pp. 104-130.

在信仰问题上的相似性；或以禅宗的"开悟"与基督教"信仰"做比较，讨论信仰（faith）与觉醒（awakening）所代表的两种不同拯救模式。本文将提出，被忽视的东正教传统实亦有更丰富的内容可与大乘佛教对话，例如其与新教传统颇为异趣的人性论和成神论。而在修行观的比较中，部派佛教及禅宗的修行实践是佛教一方最大的主角，这些比较的结果，往往终止于耶佛二宗教在终极目的上的根本差别。本文将提出，若以《起信论》的修行观为对象，或许可以改进（或推进）这类对话的内容。通过上述的系统考察，笔者认为，作为如来藏思想之代表经典与大乘佛法之总括，《起信论》应当是一适宜而"大公"（ecumenical）的对象，来拓展和推进对话的空间，做出它应有的贡献。

本文行文脉络是从问题/话题入手，先界定出《起信论》的几大主题，即对终极实在、人性论、拯救论、修行论等内容的讨论，然后按这些主题分别与基督教展开对话。与以往研究有所不同的是对其中的"信仰、修行"问题予以了足够的重视。文章的内容安排分两部分，第一部分是学界已有的对话和比较研究中涉及《起信论》的内容。以《起信论》最初的两次英译本切入，从沟通文化和宗教的角度重新梳理了这两次英译的意义。说明《起信论》能够担当沟通宗教的重任，是宗教对话的恰当媒介。然后是考察和述评正在进行的对话研究（比较神学）中对《起信论》的应用。

第二部分是本文的探索。在研究方法上参考以往的比较经学和比较神学的研究进路。在比较经学的研究中，有不少研究是从基督教或佛教之经典入手，即以佛学思想释读基督教经典，或对佛教经典进行基督教式的解读。比如 Keenan 的《心经》解读[11]，就是用《心经》的"空性"和"无我"两个范畴重新读解《约翰福音》。Lefebure 的《法句经》的基督教解读[12]，则是在其中发现了佛陀和基督关于人类的受苦、对智慧的追寻、通过灵性的知识达到自我转化、修行生活等方面的教诲中深在的共性。本文在这些方法的基础上稍有不同，就是以问题和话题为导向，在比较中深化对双方共同关心的话题的理解和阐释。另外，笔者是以学者的身份而非任何一方之信徒的立场来进

---

11 John P. Keenan and Linda K. Keenan, *I Am/No Self: A Christian Commentary on the Heart Sūtra* (Leuven; Walpole, MA: Peeters; Grand Rapids, Mich.: Eerdmans, 2011).

12 Leo D. Lefebure and Peter Feldmeier, *The Path of Wisdom: A Christian Commentary on the Dhammapada* (Grand Rapids, MI, and Leuven: Eerdmans Publishing Company and Peeters, 2011).

行这项研究，既非"以耶释佛"亦非"以佛释耶"，而毋宁是一种双方的相互诠释，解释是沟通的前提。再者，由于"耶佛研究"（Buddhist-Christian Studies）中参与者的多元，为了响应这些学者所提出的问题和困难，本文将会涉及到基督宗教的多个传统。笔者相信，在比较中所展现出的共有的一般性意义，是植根于人类精神深处的共同奥秘。

第一部分

第一章 绪 论

一、《大乘起信论》的地位与影响

《大乘起信论》不仅对中国大乘佛学诸宗派教义的展开产生了深远的影响，甚至在东亚大乘佛教思想发展史上也有相当重要的位置。它与《楞伽经》一起在中国禅宗的早期发展中成为其教义的基本来源，同时也是从法藏到宗密的华严宗如来藏缘起学说形成的基础，更对整个中日天台宗的理路发展与分化构成关键影响，由它带来了中国天台的山家、山外两派的对立，以及日本天台本觉论的形成与发展。[1]如傅伟勋所说："《起信论》是东亚（中、韩、日三国）大乘佛教思想史上最具影响力、最被看重的金鼎之作"。[2]

《起信论》现存两个版本，一是题为马鸣造，南朝梁真谛[3]译的一卷本；一是题为马鸣造，大周实叉难陀[4]译的二卷本。关于《起信论》一书最早的可信记载，见于隋初昙延所撰《起信论疏》及同时代的慧远所撰《大乘义章》。

---

1 详参龚隽：《〈大乘起信论〉与佛学中国化》，第六及第七章。

2 傅伟勋：〈《大乘起信论》义理新探〉，《中华佛学学报》第三期（1990年4月），页117-147。

3 真谛（Paramārtha，公元 499-569 年），西天竺优禅尼国人，出身婆罗门族。为印度大乘佛教瑜伽行派传人，主宗无相唯识学。一生共翻译经论76 部315 卷，其中以《摄大乘论》、《俱舍论》、《金十七论》等最为著名。

4 实叉难陀（公元 652-710 年）梵名 Sikshananda 。中文译名学喜。于阗（新疆和阗）人。善大、小二乘，旁通异学。他于证圣元年（695）到达洛阳，住在内廷大遍空寺，与菩提流支、义净等，于大遍空寺重译《华严》，是即新译《华严经》八十卷。据《开元录》载，他译的经共计 19 部，107 卷。

《大乘义章》卷三《八识义》中多次引用《起信论》文。又有《大乘起信论义疏》二卷，亦题净影慧远所作。这些早期文献中，只提到《起信论》的造者是马鸣，未涉及译者。隋开皇十四年（594）法经等编《众经目录》即将《起信论》收入《众论疑惑》录下，其文云："《大乘起信论》一卷，人云真谛译，勘《真谛录》无此论，故入疑。"[5]现存所有关于马鸣的传记资料，没有马鸣曾撰《起信论》的任何记载；有关真谛的传记资料也没有真谛曾译过《起信论》的记载。唐道宣（596-667）撰《续高僧传·玄奘传》云："又以《起信》一论，文出马鸣，彼土诸僧思承其本，奘乃译唐为梵，通布五天。"且不论玄奘所传唯识学与《起信论》思想颇有抵牾，由玄奘弟子慧立、彦悰所著《大慈恩寺三藏法师传》也从未提及玄奘有译《起信论》为梵文一事。

实叉难陀的新译本也有许多疑问，唐开元十八年（730年）智升编纂《开元释教录》卷九实叉难陀录说："《大乘起信论》二卷，第二出，与真谛出者同本。"但此说没有根据。据现存的实叉难陀两卷本卷首所附无名氏《新译大乘起信论序》云，新译所依据的梵本是由实叉难陀自于阗带来，同时又于西京慈恩塔内获得旧梵本，与弘景、法藏等于大周圣历三年（700年）译出。法藏乃《起信论》的重要发扬者，但法藏所撰《起信论义记》七卷，《起信论别记》一卷，都是以梁译本为底本，从未提过他自己参与过新译。而据赞宁《宋高僧传》的《实叉难陀传》也没有关于新译《起信论》的记载。[6]

《起信论》出现以来，历代注家络绎不绝，据望月信亨统计，几百年间共产生了一百七十余种注疏本流传于世。[7]其中实叉难陀新译本注疏，现存仅有明代智旭大师（1599-1655）《大乘起信论裂网疏》一种。在真谛本的各种注疏中，隋净影寺慧远（523-592）的《起信论义疏》（亦称《净影疏》），新罗元晓（617-686）的《起信论疏》（亦称《海东疏》），唐贤首大师法藏（643-712）的《起信论义记》（亦称《贤首疏》）因为解释精审，影响很大，后代称为"起信三疏"。[8]

5　《大正藏》卷55。

6　以上参考杜继文《汉译佛教经典哲学》（南京：江苏人民出版社，2008年）下卷，第八章〈隋唐以降最有影响和最有争议的几部经论〉，页537-540。

7　Hakeda S. Yoshihito, *The Awakening of Faith: Attributed to Asvaghosha* (New York:Columbia University Press. 1967), P. 5.

8　萧萐父《大乘起信论释译》（台北：佛光山宗务委员会，1996年），页5。

《起信论》出现以来，从著者到译者，从本论到序言，向来是聚讼不已的话题。关于它是真译还是伪托的争论，唐代以后很少再被注意，近代以来随着东西文化交流的兴盛，这段公案又重新被提及。明治晚年，日本学界就《起信论》是否为中国撰述展开了激烈论争，接着引起中国学人的竞相驳难。最初缘由，是由舟桥一哉于 1906 年发表《起信论》为中国撰述的看法。[9] 日本学者望月信亨、松本文三郎、村上专精等认为，该书既非马鸣所造，也非真谛所译，而是南北朝时中国佛教僧侣的托名之作，而常盘大定、羽溪了谛等则维护马鸣造、真谛译的旧说。论争后期有宇井伯寿、平川彰、高崎直道，最近有竹村牧男等，而他们的结论有中国撰述说、印度撰述说、翻译撰述混合说等等不一而足。[10]

当然，由于找不到任何梵文原本和新的证据，这些说法既不能证实也不能证伪，《起信论》的真伪问题也就只能作为一桩悬案存疑。而按照佛陀"依法不依人"[11] 的教导，专注于其内涵来评价一部作品恐怕是更为恰当的态度。

明治晚年日本学界的论争也掀起了支那内学院与武昌佛学院一场著名的论战。欧阳竟无指斥以如来藏思想为宗的《起信论》乃是危害中国佛学千年的主要著作。他从唯识学的角度，指《起信论》不立染净种子、真如无明互熏等学说皆同外道。中国佛学之衰正是由于天台、贤首、禅等诸宗派思想笼统、教法不如理、无研究方法等，共列举五弊加以辟斥。[12] 而太虚则以为，欧阳竟无此举将危害中国佛学，动摇其理论与价值根基，站在维护中国佛学价值的立场，太虚在民国 11 年 12 月发表〈佛法总抉择谈〉一文，以真如宗为圆满究竟教法的代表。[13]

---

9 关于此次论争，详见吕澂：〈大乘起信论考证〉，《吕澂佛学论著选集》（济南：齐鲁书社，1991 年）第一册，页 303-369。以及黄夏年：〈《大乘起信论》研究百年之路〉，《普门学报》第 6 期（2011 年 11 月），页 1-21。

10 张文良：〈日本的《大乘起信论》研究〉，《佛学研究》（2010 年总第 19 期），页 410-423。

11 语出《大般涅槃经·如来性品》，"依法不依人。依义不依语。依智不依识。依了义经不依不了义经。"(CBETA, T12, no. 374, p. 401)

12 欧阳竟无：《唯识抉择谈》（香港：龙门书店，1967 年）。

13 太虚：〈佛法总抉择谈〉，见《太虚大师全书》第九册（台北：太虚大师全书影印委员会，1970 年）。

欧阳竟无的学生王恩洋于民国 12 年 2 月作〈起信论料简〉，云：皆因《起信》的如来藏思想盛行，导致唯识之理不彰，故配合民初唯识学研究的兴盛，以及延续日本学界对于《起信论》伪作的考证，借着摧毁《起信》来彰显唯识。按唯识学的理论，万法的存在皆不离阿赖耶识所变现。阿赖耶识内摄藏诸法种子，种子为诸法生起之亲"因缘"，阿赖耶识则为诸法生起之"增上缘"。因此诸法种子虽在阿赖耶识内，但诸法并不从共因或别因生，而是"自因"生。种子唯生自果，且一因不能生多果。若是没有种子而却能起现行者，则是无因外道。在他看来，《起信论》不立种子而混淆因果，是违背缘生大义。[14]

欧阳竟无的学生吕澄经过考订与分析，推定《起信论》乃北禅学者受到魏译《楞伽经》影响而作。他虽承认《起信论》是如来藏说，但非印度原本的如来藏理论。其"本觉"、"真如缘起万法"的学说为中国人所大加提倡，对中国天台、华严、禅宗等诸宗思想影响甚巨。既然《起信论》之学说为妄，则上述诸宗思想也非印度佛学原貌。[15]这又成为支那内学院批判中国佛学，尤其是如来藏系思想的有力证据。

随后武昌佛学院的唐大圆撰《真如正诠》，以一种融贯的进路来平息争议。他说："'真如'一名的安立，是在佛法的流布中依其对象而有不同的诠解，如为了破小乘执着'无为'是实有，便说'无为'是依真如而假立，'真如'亦是假施设名。而为了破斥其他执着'真如'为虚幻者，便说'真如'为实有。因此在究竟而言，真如应是'非有非空'，说'真如'是有或空，皆只是随事对机、善巧方便而已。……真如是非受熏非不受熏、非能熏非不能熏。"[16]

印顺在此次论战中的看法最为持平公允。他以大乘三系来分判，将《起信论》归于真常唯心系。印顺认为，据《楞伽经》所说，"如来藏"之学说是佛陀为了摄引外道的方便说法，以与外道神我论相似的如来藏建立生死涅槃。其本义与法性、空性、法无我性是一致的。法性、空性是遍一切法说；而如来藏则约众生身心上说。这显示如来藏与阿赖耶识的离染，实有

---

14 王恩洋：〈大乘起信论料简〉，收入张曼涛主编：《大乘起信论与楞严经考辨》（台北：大乘文化出版社，1978），页 110、114。

15 吕澂：〈大乘起信论考证〉，收入《吕澄佛学论著选集（一）》，页 341。

16 唐大圆：〈真如正诠〉，见《大乘起信论与楞严经考辨》，页 159、160。

相当程度的一致性。然而如来藏说传到中国以后，台、贤等宗派将如来藏解释为可以从法性本净中去成立一切、生起一切，这与印度的原说即有了出入。[17]

《起信论》在东亚大乘佛教发展史上的影响与意义，由上述论争中可见一斑。

二、《起信论》向西方的传译

就在日本及中国学界重新对《起信论》展开一系列讨论之前（19 世纪末至 20 世纪初），作为东亚大乘佛教的标志性经典，它被传译到了西方，这就是铃木大拙与李提摩太的两次翻译。铃木大拙（1870-1966）于 1900 年出版他的英译本，以唐代实叉难陀的新译《起信论》为底本[18]；而李提摩太（1845-1919）于 1907 年出版的英译本则是根据梁代真谛的旧译《起信论》译出[19]。

近现代意义上的佛教研究起源于欧洲，19 世纪 20 年代，欧洲出现了一批以比较语言学、比较神话学、比较宗教学等方法研究佛教的学者，并形成了一个稳定的学术传统，此后一直呈蓬勃发展之势。按学者的分法，欧美佛教学术史大致可分为以下四个阶段：一，19 世纪 20~70 年代：佛教研究的起步阶段；二，19 世纪 80 年代到"二战"：佛教研究的成熟阶段；三，"二战"以后到 20 世纪 70 年代：佛教研究的中心转移与方法转型；四，20 世纪 80 年代以来：佛教研究的多元展开与方法反省。[20]

铃木大拙向西方译介大乘佛教，正处于从第一阶段到第二阶段的转型期间，欧美学者已经开始对所谓"纯粹佛教"发生了质疑，他们开始意识到其本质主义的文化想象的局限性，意识到在南传巴利文佛典之外，汉译佛典等同样具有相当的历史可靠性和思想史意义。[21]在这一转型过程中，铃木大拙的译介工作，是推进大乘佛学进入欧美学界的重要一步。

---

17 印顺：《大乘起信论讲记》（台北：正闻出版社，1985 年），页 6-22。及印顺：《印度之佛教》（台北：正闻出版社，1985 年）。

18 D.T. Suzuki trans., *Asvaghosha's Discourse On the Awakening of Faith In the Mahayana* (Chicago: Open Court Publishing Company, 1900).

19 Timothy Richard, *The New Testament of Higher Buddhism* (Edinburgh: T. & T. Clark, 1910).

20 李四龙：《欧美佛教学术史：西方的佛教形象与学术源流》（北京：北京大学出版社，2009 年），页 4。

21 参考上引书，页 12。

欧美的佛教研究一开始只是印度研究的附庸，其时国际佛教学界把南传的巴利佛教当作一种纯粹的、真正的佛教，而认为汉传、藏传佛教不过是印度佛教的附庸，甚至是某种曲解与堕落的形式。[22]有学者认为，铃木大拙挑选《起信论》向西方译介，是意图在19世纪西方以印度佛学为中心的氛围下，为包括日本在内的东亚大乘佛教争得一席之地，铃木的英文著作，在大乘佛学与禅学两方面，背后都有意识地向西方传递东亚文明的优越性这一观点。[23]他致力于寻找本质的、纯净的、没有宗派分别的佛教来介绍给西方，因此被认为赅括大乘共法的《起信论》成了目标。

铃木在其英译本的长篇导言中交待了他的观点：他认为《起信论》以其真如观、佛三身论、因信得救（或净土教义）等三大主题，最为鲜明地代表了大乘佛学的精髓，因此，这部论典具有至高无上的重要性。[24]《起信论》本身虽然精炼，但也正因其文约义丰，以区区万言赅括大乘佛学诸宗的基本意涵，并试图调和分歧、提出作者独特的理解，因而颇为重要却也颇难充分理解。铃木的这一译本，为了充分阐释以及表达自己的论点，几乎注、译参半，这使我们可以更多地了解他在翻译中的"隐微叙事"。

而来华的英国浸礼会传教士李提摩太，他的英译本则似乎意在把大乘佛教基督化。据李提摩太叙述，他在1894年就完成了《起信论》的英译，而他当时一直没有出版是想多留时间对自己的译本进行修正。但是当他看到铃木译本出版后，认为铃木并没有传达出《起信论》应有的意义，于是他来不及修订，随即发表了自己的译作。[25]李提摩太认为，由马鸣创造的这部论典标志着佛教思想史上一次基督教思想的革命。他把大乘佛教称为"高级佛教"，在他看来，《起信论》是一部以佛教术语表达的基督福音的亚洲形式。[26]借龚隽的说法，他们的译本背后存在着各自不同的"宗教政治的修辞"。[27]如果我们

---

22 参考李四龙：《欧美佛教学术史：西方的佛教形象与学术源流》，页17。

23 龚隽：〈铃木大拙与东亚大乘观念的确立——从英译《大乘起信论》（1900年）到《大乘佛教纲要》（1907年）〉，载于《台大佛学研究》第二十三期（民国101年7月），页75-118。

24 D.T. Suzuki trans., *Asvaghosha's Discourse On the Awakening of Faith In the Mahayana*, pp. 43-45.

25 Timothy Richard, *The New Testament of Higher Buddhism*, p.47.

26 Timothy Richard, *The New Testament of Higher Buddhism*, pp.38-40.

27 分别见龚隽：〈译经中的政治——李提摩太与《大乘起信论》〉，载于《新史学》（2008年5月），页119-143；〈铃木大拙与东亚大乘观念的确立——从英译《大乘起信论》（1900年）到《大乘佛教纲要》（1907年）〉。

不仅仅以对原文忠实与否为标准来评判这两个译本，而是将这两次译介看做晚清宗教思想交流史上一次重要的事件，那么也许可以从两个译本中发现更多的意谓，因而对这两次翻译的研究可以说尚有许多未竟之言与未发之覆。

三、研究综述

（一）铃木大拙译注：*Asvagosha's Discourse on the Awakening of Faith in the Mahayana.*

目前与这部作品直接相关的研究数据十分有限，龚隽曾撰文《铃木大拙与东亚大乘观念的确立——从英译〈大乘起信论〉（1900 年）到〈大乘佛教纲要〉（1907 年）》。此文以铃木大拙于 20 世纪初用英文译注的《大乘起信论》与撰著的《大乘佛教纲要》两文本为例，分析了铃木早年英文佛学著述中有关大乘的论述。论文把铃木早期大乘观放置于 19 世纪末 20 世纪初日本佛教与西方交涉的脉络下进行讨论，解读其大乘观形成的原委、主要内容和思想特点，并对其大乘观在西方产生的效应作了分析与评论。此文讨论了铃木大乘论述的历史脉络，特别是其大乘论述与芝加哥世界宗教议会、欧洲佛教学状况及其与保罗·卡洛斯之间的关系，阐明铃木早年英文大乘佛教观背后，其实隐含了文化与政治等权力论述。此文意在表明，理解铃木的大乘思想，不能仅从其有关大乘观的表面论述，而要从其论述的修辞策略中去加以分析。

另有 Michael Pye 所撰 *Suzuki Daisetsu's View of Buddhism and the Encounter between Eastern and Western Thought*,[28]以及上田闲照所撰 *Outwardly, Be Open; Inwardly, Be Deep：D.T. Suzuki's Eastern Outlook*[29]，这两篇文章对铃木大拙在佛教传扬至西方的历史事件中所起的影响做了评价与定位。

Michael Pye 文中认为，现代世界一大重要事件就是佛教被西方发现并传播到西方，这一事件伴随着复杂的互动过程，与十几个世纪以前佛教从印度传至中国颇有可比之处。而这过程中铃木大拙扮演着举足轻重的角色，其作品极大地影响了欧洲和北美的佛教接受史。作者此文探讨了铃木的"东方观""西方观"与"佛教观"三者之间的相互影响，也谈到铃木在向西方传介佛教的背后其实同时在进行民族主义的论述。

---

28 Michael Pye, "Suzuki Daisetsu's View of Buddhism and the Encounter between Eastern and Western Thought," *Eastern Buddhist* 39:2, (2008): 1-25.

29 Ueda Shizuteru, "Outwardly, Be Open; Inwardly, Be Deep: D.T. Suzuki's Eastern Outlook," *Eastern Buddhist* 38:1; 38:2 (2007): 8-40.

　　上田一文所论，主要讲铃木是在强调"他者"和"差异"的意趣上来进行他关于大乘佛教和禅学的书写。亦即，铃木以"西洋"为背景而突显"东洋"的思想传统，是在与西方佛教学相对立的意味上来建立新的论述。无论是他所弘传的主题还是他书写的方法，都试图与欧洲东方学家的佛教学观念相对抗。

　　上田这一观点的确可以在铃木的各种作品中得到佐证。例如铃木大拙在1907 年出版的《大乘佛教纲要》[30]，即处处不忘"纠正"西方佛教学研究在理解大乘佛教时的歪曲与偏颇。这部书是铃木对大乘佛学的一个系统论述，目的是让当时的西方佛教学者不再把大乘佛教当成原始佛教的堕落形式。这部纲要基本是以其《起信论》译注所阐发的重要主题为纲而对大乘思想所作的较为全面的展开。此书所讨论的一些核心概念，例如真如、如来藏、无我、业力说、法身说、三身说、菩萨及涅槃等，都是针对当时西方所强调的南传佛教而作比较，强调大乘佛教对这些概念的阐述比小乘进步，从而论证大乘是比小乘更加高远和充实的一种佛教形式。

　　可见，当前的研究都是在 19 世纪末 20 世纪初日本佛教与西方交涉的历史情境下解读铃木大乘观形成的原委、主要内容和思想特点，强调铃木挑战欧洲中心主义的佛教学观念，辨明和维护包括日本在内的大乘佛教传统的合法性的一方面，但忽略了铃木对话的积极与努力[31]，也未对其译本本身的内容和意义多加研究。实际上，我们可以看到铃木在译介中常常会通基督教思想以及比附西方哲学来对重要的佛学概念进行翻译，这些概念和内容仍旧是当前佛耶对话中的重要主题。他也出版过《耶教与佛教的神秘教》[32]一书，以十四世纪德国神秘主义思想家艾卡哈特（Meister Echart）为基督教神秘宗派的代表，与东方佛教中禅、净境界做对比阐释，并论述了两大宗教之间的表面差异和内在的共通之处。

---

30 D.T. Suzuki: *Outlines of Mahayana Buddhism* (New York: Schocken Books Inc. 1963).

31 比如他曾说佛陀与基督的教导并无根本的冲突："My conviction is : If The Buddha and the Christ changed their accidental places of birth, Gautama might have been a Christ rising against the Jewish traditionalism, and Jesus a Buddha, perhaps propounding the doctrine of non-ego and nirvana and Dharmakaya"，见氏著 *Outlines of Mahayana Buddhism*, p.29.

32 铃木大拙著，徐进夫译：《耶教与佛教的神秘教》（台北：志文出版社，中华民国73 年）。

（二）李提摩太译：*The New Testament of Higher Buddhism——Translation of the Awakening of Faith*

李智浩在其博士论文《清末民初基督新教来华传教士对中国佛教的诠释——李提摩太、苏慧廉和艾香德个案研究》[33]第二章《李提摩太——上帝国视域下的耶佛共融》中，以"上帝国"为轴心，以及"援佛入耶的诠释"为关键，来讨论李提摩太的佛教研究以及对《起信论》、《法华经》的翻译。作者对李提摩太英译本《起信论》中几个哲学概念进行了分析，提出他正是秉着"大乘佛教即基督教"的信念来以耶释佛。作者认为他对"上帝国"的诠释具强烈的社会关怀，而由此种社会关怀开展的"互融空间"，表面虽似能容纳佛教元素，实际却不容任何与基督教差异的义理思想，因而是一种排他主义的交流。

龚隽在《译经中的政治——李提摩太与〈大乘起信论〉》[34]一文中对李提摩太翻译此经的动机和目的作了评述。龚隽此文指出，李提摩太对佛教的态度是当时在华传教士中最为友好的，他秉持一种"启示的普遍主义"，并巧妙借用了佛教判教的方法，在调和的立场下安排宗教间的次序，把基督教叙述为不碍一切法又统领一切法的"未来唯一宗教"。因此，他对佛教的融摄，是为了在大乘佛教的经典中寻找基督教的影子和隐藏的福音。而且他也有意识地提高大乘佛教的意义，无论在佛典的选择还是翻译的方式上都有意与缪勒为代表的印度学传统区别开来，这很大程度上可以看作是对欧洲内部东方学传统的反弹。李提摩太的翻译，毋宁说是在借《起信论》而对东亚佛教进行一次基督教式的"建构"。在他的翻译中，不断地改变着《起信论》的思想方向，大胆使用西方传统耳熟能详的语词对《起信论》的概念进行"洋格义"。（例如，以"the incarnate God"翻译"如来"，以"the divine spirit"翻译"法身"，以"the divine peace"翻译"一行三昧"。）甚至对一些佛教的关键名相采取直接解释而不翻译的方式。他批评铃木并不具备了解整部《起信论》核心观念的知识，其翻译无法让西方人了解佛教的真正意思。他出版自己的译作，最重要的目的之一，就是要表明"在基督教的光照下来诠释"《起信论》，

---

33 李智浩：《清末民初基督新教来华传教士对中国佛教的诠释——李提摩太、苏慧廉和艾香德个案研究》（香港中文大学哲学博士论文，2007 年）。

34 龚隽：〈译经中的政治——李提摩太与《大乘起信论》〉，《新史学》2008 年 5 月，页 119-143。

才是翻译佛典的正途。他译经的目的并不单纯是要传达原本的内涵，而是关心在翻译中可能引出的诠释效果，为大乘佛教寻求基督教传统的来源。

赖品超在其两篇文章《李提摩太对大乘佛教的回应：从后殖民对东方学的批判着眼》与 "Timothy Richard's Buddhist-Christian Studies" [35]中提出，虽然李提摩太对大乘佛教的诠释受到他自己的基督教信仰影响，甚至是受到传教使命驱使，但他的进路迥然不同于具殖民色彩的东方学，并且在动机和态度上颇为符合大乘佛教的精神。他在翻译佛典的过程中，没有强调东西方宗教观念之间的差异，反而突出它们的相通之处，希望以此作为基督教与佛教建立合作或友谊的共同基础，而不是使佛教徒皈依基督教。基于他的著述，可以发现他实际上实践了一种后殖民的批评，与殖民势力是对抗的。他的终极目的是全人类的解放，但进路与心态截然不同于那种解救东方人的殖民主义式思维，因为他从来不曾假设西方文明更为高等。就萨义德对东方学或东方主义的批判来说，李提摩太对大乘佛教的响应可以说是一个例外，甚至是反例。

笔者认为，李提摩太基于他深切的"社会关怀"的考虑，希望结合不同宗教的力量，最终能把世人从贫穷压迫之中解放出来。为达致诸宗教的合一，他并未抱持任何形式的排他思想，他强调诸宗教都有可取之处，是上帝之灵在不同时代不同处境的代言人。所以，说他是简单地将佛教与基督教通约，或者说他是表面上宽容实际上排他，皆非公允之论。他之所以选择《起信论》作为沟通中西宗教的桥梁，其内在原因还需作细致探讨。

（三）《起信论》与当代佛耶对话

如前所述，近现代意义上的佛教研究起源于 19 世纪 20 年代的欧洲，而这也是"宗教学"开始建立之时，西方开始尝试对佛教进行认真理解也是在这个时候。自 1980 年的第一次 "East-West Religions in Encounter" 会议起，基督教神学对佛教的反应才开始由排他性的独白转为对话的相遇，学者开始引入佛教教义对当前基督教思想和实践进行创造性转化。[36]

---

35 赖品超：〈李提摩太对大乘佛教的回应：从后殖民对东方学的批判着眼〉，《浙江大学学报（人文社会科学版）》，2010 年 5 月，页 30-39； "Timothy Richard's Buddhist-Christian Studies" *Buddhist-Christian Studies*, 29 (2009): 23-38.

36 参考 Paul O. Ingram, *The Process of Buddhist-Christian Dialogue* (Eugene, Or: Cascade Books, 2009), p.30.

1、比较经学

近年来有许多佛教与基督教之比较研究，其中包括二者之经典与教义的比较。亦有一套"非基督教圣书的基督教评论"（Christian Commentary on Non-Christian Sacred Text）丛书出版，这套书籍的编纂是为了促进跨宗教交流中不同宗教徒之间的相互理解与丰富。这类研究是从基督教或佛教之经典入手，即以佛学思想释读基督教经典，或对佛教经典进行基督教式的解读。前者例如基南（John Keenan）之《马可福音》、《雅各布书》的大乘解读[37]；后者有基南与其妻（Linda Keenan，日本民间故事研究专家）合作完成之《心经》的基督教解读[38]，勒费布尔（Leo Lefebure）与菲尔德梅勒（Peter Feldmeier）合著之《法句经》的基督教评论[39]。

以佛经为对话对象，进行"以佛释耶"之研究的例如基南《I Am/No Self》一书，其主要部份是以《心经》的"空性"和"无我"两个范畴重新读解《约翰福音》。他强调透过大乘佛教的概念来重新诠释和观照基督教教义（比如道成肉身，三位一体等）的重要性。他认为，基督教经典在历史上都是通过希腊-罗马哲学的框架进行解释的；但这些基督教经典，尤其是《约翰福音》，在大乘佛学的范畴下会得到更新更好的理解。他试图吸纳佛教哲学的智慧来更新这以希腊哲学为底色的旧教义。[40]他在这本书里着重展示《心经》如何作为一把钥匙来解锁基督教的古老秘密——在耶稣基督中的生命。因此这本书的重点不在解释《心经》，而在解读《约翰福音》，这是认识"无身份的耶稣"[41]的源泉。《心经》使他重新检视基督教精神传统中那些至关重要却又常常被边缘化的东西，那就是：放弃自己，委身于上帝的意志；断除世俗性的系念；谦卑的侍奉和彻底的委身等教诲。[42]他认为，传统上看来《约翰福音》显得有几分奇怪，因为它试图表达内在真实精神和真信仰，并要在真实的世界实践它。而以自性空的"我"与"虚己"（selfless）[43]的基督融合，比亚里士多德

---

37 John P. Keenan, *The Gospel of Mark: A Mahayana Reading* (Maryknoll, N.Y.: Orbis Books, 1995); *The Wisdom of James: Parallels with Mahayana Buddhism* (New York: The Newman Press, 2005).

38 John P. Keenan and Linda K. Keenan, *I Am/No Self: A Christian Commentary on the Heart Sūtra*.

39 Leo D. Lefebure and Peter Feldmeier, *The Path of Wisdom: A Christian Commentary on the Dhammapada*.

40 John P. Keenan and Linda K. Keenan, *I Am/No Self*, pp. 8, 13.

41 Ibid., p. 8.

42 Ibid., p. 5.

43 Ibid., p. 65.

式的身心二元论更合适理解《约翰福音》。约翰强调了耶稣的无我，成为圣子不是要把圣父拉入血缘谱系而是要从根本上移除这个问题，耶稣是无我的。[44]我们要做的不是如何区分或定义基督的身份或者我们的基督徒身份，而是在生与死之中，我们如何做到在虚己和无我（selflessly and identity-lessly）中与基督合一。[45]《约翰福音》是关于"与基督合一"之教义的主要来源。基督否认有限性的"我"并邀请我们加入祂的存在，正是要在精神上叫我们与圣父合一。

这本书的目的是要发现《心经》的"无我"与"万法皆空"观念对基督教文本的解读能起到什么作用。尤其是让我们超越一切习以为常的范畴和僵化的本质论来理解基督与上帝错综复杂的身份关系、基督与我们的关系时能起到的作用。他认为佛教与基督教传统最根本的差别在于"无我"的教义和基督是上帝之言与智慧的肉身化二者之间，而此二者都是身份（identity）的问题。因此，他所做的工作或许正好可以取长补短。基南引述米克斯（Wayne A. Meeks）所讲：一个人的身份不是从一开始就规定好的本质，而是开放性的、在自我与他者、个体与社会的关系中不断形成的，因此，传统的基督论必须被重新思考。[46]

基南认为，如今基督教传统的形而上学模式已经受到了挑战，我们不能再重复希腊思想家的工作，我们要为当今做当今之事，正如他们过去所为。亚里士多德式的身心二元论在经文及早期论述中并无根据，亚里士多德对人的规定使人误入歧途，所以他所做的就是把大乘人类学的"无我"放入其应有的位置。用大乘的人类学取代亚里士多德的二元论会带来对人类经验更广阔的理解，给圣经的修辞播撒新的光亮。基南寻求的是，在不失掉基督教的核心与本质之前提下对基督教信仰的新表达。

勒费布尔（Leo Lefebure）与菲尔德梅勒（Peter Feldmeier）合著之《智慧之路：法句经的基督教评论》（*The Path of Wisdom: A Christian Commentary on the Dhammapada*）则是对经文逐句翻译并逐章进行基督教视角的反思，思考这部佛经中的思想对今日的基督徒有些什么启发。在不模糊二者差别的前提下，他们发现了佛陀和基督的教诲中深在的共性，即人类的受苦、对智慧的追寻、通过灵性的知识达到自我转化、修行生活、有师范效力的警句箴言等方面的内容。在二者的相通和相异之间提取出一幅精神转化之旅的指南。

---

44 Ibid., pp. 67, 69.
45 Ibid., p. 69.
46 Ibid., pp. 209-300.

虽然迄今并未有《起信论》之基督教评论，但其实它已经进入了当前"比较经学"（comparative scripture）或"比较神学"（comparative theology）的研究视野中。"比较经学"的方法源自"经文辩读"（scriptural reasoning），"经文辩读"通常是对犹太教、基督教和伊斯兰教经典的跨文本比较，人们在其中发现神圣的显现可能有不同方式和多元的声音。比较经学则是对经文辩读的拓展，致力于与其他宗教传统的经典的研读和比较中发现、重建或加强某一宗教对自身的理解，并期望有助于宗教间对话。

以《起信论》为专题的一期《比较经学》显示[47]，当前对《起信论》的研究或讨论其成立问题，或研究其相关的注疏问题以及义理问题，这些讨论都是在佛教或中国文化之范围内。其中仅有一篇与基督教有关[48]，该文讲到，艾克哈特的神秘主义目的在于实现存在的持续自我启示，这是上帝之子在灵魂中的持续降生，这可与《起信论》之"本觉"与"始觉"比较。这意味着在"耶佛研究"（Buddhist–Christian Studies）的语境中，学者已经开始注意到《起信论》。

2、比较神学

至于"比较神学"的进路，则是通过研究其他宗教的经典、教义和实践，深化对基督教神学的反思。在当前的研究中，学者大都由于西方的佛教研究传统以及某种意义上的本质主义立场，仅将眼光限于早期佛教以及大乘佛教般若空宗、瑜伽行派等学说进行研究，而在有意无意间将"如来藏"传统视为不纯的佛学加以忽视，少有提及。可以说，这种现象仍是某种意义上的"东方主义"。不过，也有少数学者进行了这方面的开拓，将《起信论》引入了"比较神学"的研究中。

邓绍光与赖品超曾就如来藏思想与巴特的基督论有过一番讨论，尝试以如来藏思想帮助疏解基督论，以期在汉语神学的语境下，推进对传统基督论的中国化理解。此次论辩从赖品超一篇文章〈从大乘佛学看迦克墩基督论〉[49]

---

47 游斌主编：〈比较经学与大乘起信论〉，《比较经学》第 3 辑（北京：宗教文化出版社，2014 年）。

48 Andre van der Braak, "Meister Eckhart and *The Awakening of Faith Sutra*:The Continuous Self-revelation of Buddha Nature," in《比较经学与大乘起信论》页 9-24。

49 赖品超：〈从大乘佛学看迦克墩基督论〉，《辅仁宗教学研究》2000 年第 2 期，页 231-262。

始，邓绍光随即发表〈从天台宗佛学看巴特的基督论〉[50]，对如来藏思想用于基督教神学表示了质疑。赖撰文〈罪身、罪性与如来藏——一个基督式人类学的探讨〉[51]对此作出回应。

（1）赖文〈从大乘佛学看迦克墩基督论〉由迦克墩会议（Council of Chalcedon，公元 451 年）中所定下的信仰条文，尤其是其用实体式的语言和概念来表达的基督论谈起，引述了通晓佛学的神学家基南（John P. Keenan）所提出的大乘神学[52]的思想。基南认为，在西方基督教传统中希腊化的思想对当代西方人已经很有问题，迦克墩信经的困难，在于它所使用的既定概念架构是以人性与神性为互相对立，而大乘思想提醒我们不一定要被迦克墩基督论所藉以展开的哲学本体论所制约。基南依大乘哲学的"空"、"缘起"、"二谛"三观念来阐述他大乘基督论的构想。赖品超则认为，比起西方处境的基督宗教，大乘神学的企划恐怕在汉语处境的基督宗教而言更见其意义。因此，在盛行净土与禅宗的东亚地区，尤其是在华人处境中建立大乘神学，比起中观及唯识思想，可能如来藏思想更具参考价值。[53]作者由大乘佛学，尤其是如来藏思想重新检视了迦克墩基督论以及由迦克墩传统继承而来的巴特的基督论及人观，指出这样的解读不仅可能更符合早期基督宗教神学家的理解，而更有利于基督教在华的本色化。

（2）邓绍光在其文章〈从天台宗佛学看巴特的基督论〉中提出质疑，认为要建构大乘基督论，如来藏并非最恰当的架构，而真谛所传的唯识古学和天台宗是更为合适的哲学架构。因为《大乘起信论》为代表的如来藏系统的"真如心"是一个"超越的主体"，是纯然清净的，这是一种不符合佛法精神的逻各斯中心主义的哲学。以此来疏解的基督论，就会出现基督的本性乃纯然清净的，其生死流转的人性只是"心真如随缘"的表现，如此有流向幻影说之嫌，对基督的人性和罪性缺乏肯定。而以唯识古学或天台哲学来建构大乘基督论，则可诠释基督取得的人性是有罪的人性。基督的神人二性统

---

50 邓绍光：〈从天台宗佛学看巴特的基督论〉，《中国神学研究院期刊》第 34 期（2003年），页 121–137。

51 赖品超：〈罪身、罪性与如来藏——一个基督式人类学的探讨〉，收入许志伟主编：《基督教思想评论》第 5 辑（上海：上海人民出版社，2007 年），页 242-254。

52 John P. Keenan, *The Meaning of Christ: A Mahayana Theology* (Maryknoll, N.Y. : Orbis Books, 1989).

53 赖品超：〈从大乘佛学看迦克墩基督论〉。

合于一个位格之内，若其中的人性是有罪的，就正可对应唯识古学的非净非不净的佛性及天台宗的"一念无明法性心"。在基督里罪被克胜，人性与神性和好；藉此人也与上帝和好，上帝与人是在敞开的无本之中消除对立、去除罪与病。[54]

（3）赖品超对此的回应见于〈罪身、罪性与如来藏——一个基督式人类学的探讨〉一文。作者指出，其在〈从大乘佛学看迦克墩基督论〉一文中所建议的以如来藏思想发展大乘神学，并未落实到用如来藏思想疏解基督神人二性的问题。他主张的乃是以如来藏思想来理解人性论，也就是基督的人性与一般人的人性之间的问题，而非基督的人性与神性二者之间关系的问题。因为按如来藏讲的是一切众生皆有的佛性，放在基督论的脉络中，则只能指向基督与所有人所共享的"人性"。作者认为以天台佛学"一念无明法性心"来发挥基督论，仅能说明道成肉身中的吊诡性结构，但用在今在以及终末的基督，则甚有局限。按唐君毅的说法，天台之圆，强调即九界而成佛，属救法之圆；华严之圆，则在其一真法界，为终末之圆、所证境界之圆。作者认为，此乃两种范式（paradigms）之间的冲突，并不能随意进行通约与判量。在解释道成肉身时，天台宗的不断烦恼而成佛也许是合适的应用，然而在重视终末的基督教来说，华严的圆教义也有其可用之处。

3.《起信论》与佛耶对话

上述讨论，借用了《起信论》"一心开二门"、"真如随缘不变"的思想，从基督教神学的立场出发，以《起信论》的相关思想为参考，重新检视《迦克墩信经》，解决汉语处境中基督论上的一些难题，并未以《起信论》作为整体纳入思考。《起信论》这样一部对中国乃至东亚大乘佛教的开展影响甚巨的论典，它调和印度涅槃经系、瑜伽行派与如来藏经系，在卷末融合净土门，内容上不仅赅括大乘共法，并有进一步发展和新的开拓，形成与中国传统哲学有所融通的中国化的大乘教法。[55]如此丰富的义理与教法内容在当今佛耶对话的语境中应有更多可以发掘的课题。可以想见，这种比较与对话不一定只是单向的对反思基督教神学有意义，更可以对反思佛教本身的问题也有贡献。[56]

---

54 邓绍光：〈从天台宗佛学看巴特的基督论〉。

55 参考傅伟勋：〈《大乘起信论》义理新探〉。

56 例如赖品超在其《大乘基督教神学——汉语神学的思想实验》（香港：道风书社，2011 年）第七章〈上帝国、净土与终末论〉中，就讨论到从基督教上帝国的教义

而铃木大拙与李提摩太所做的传译《起信论》的工作，虽然各自都在佛教与基督教及西方哲学之间做了很多会通，但这样的会通出于他们各自的策略和动机，或为了标举大乘佛教的优越性（铃木大拙），或为了寻求促进世界和平公义的合作伙伴而建构耶佛"福音"的相似性（李提摩太）。这样的会通，无可避免的有着许多有意无意的误导和歪曲。不过，就对话而言，《起信论》也许还有许多值得我们研究与发现的地方，以期有利于拓展佛教与基督教之间互惠的对话空间。

就《起信论》而言，它透过"一心、二门、三大、四信、五行"的方便善巧诸说建立起如来藏缘起思想。此"一心、二门、三大、四信、五行"的核心概念与框架，学界通常只将眼光落在"一心二门"上，少有对其余涉及实践论的"信""行"的讨论。但信仰与实践这样的话题其实是当前佛耶对话的重要组成部分，这方面已有很多成果，只是当前的讨论鲜有提及或论及《起信论》者。笔者所见，就"信仰（faith）"与"觉醒(awakening)"这两个主题，学者的讨论集中在以亲鸾（1173-1263）为代表的净土真宗思想中的"信心"与路德宗或加尔文宗有关"因信称义"的比较，或禅宗的"开悟"与基督教"信仰"做比较。

较有代表性的如 Frederick J.Streng, "Understanding Christian and Buddhist personal transformation: Luther's justification by faith and the Indian Buddhist perfection of wisdom"[57]，以路德（Martin Luther）在《罗马书讲义》（Lectures on Romans）中提出的"因信称义"（justification by faith）与佛教《八千颂般若经》为样本，二者代表两种表达终极价值的不同进路，但都是一种由不完整不圆满的存在状态到"真实所是"的转化结构。所不同的是，在"因信称义"的价值结构中，由于人的堕落性，人单凭自身的努力是徒劳的，人并不能做任何真正的善行。只有当人相信上帝的恩慈（这种相信也是恩慈的结果），心灵有了革命性的转变（由上帝而来的价值重估），人才能在上帝的宽恕与爱中拥有平安喜乐的生命。而在"般若智慧"的价值结构中，人由于无明的缠

对佛教净土观进行反思，从而有助于建构大乘佛教"人间净土"这个概念，改进佛教在社会实践上忽略社会及政治制度、欠缺对在历史中的公义的明确追求等弱点。认为佛教在这些方面可多向基督教学习抗议精神、改革精神和对终末的意识。

57 Frederick J. Streng, "Understanding Christian and Buddhist Personal Transformation: Luther's Justification by Faith and the Indian Buddhist Perfection of Wisdom," *Buddhist-Christian Studies* 2 (1982), pp. 15-44.

结而无法认识真如，不信般若智慧而永堕轮回苦。有般若智慧才能从虚妄分别与执着中解脱。"信仰"与"智慧"两种不同转化模式的比较是该文的关键词。不过作者认为两种模式都把自我中心看做最根本的症结所在。

另有野村信夫的"Shinran's shinjin and Christian faith"[58]，作者认为基督教的"信仰"与亲鸾的"信心"有着很多相似处，但也有根本的不同。作者以路德、法国反宗教改革运动领导 St. Francis de Sales (1567-1622)、德国苦行主义者 Thomas à Kempis (1380-1471)等五人的思想为例，将基督教的拯救观划分为倚重个体与倚重团契两组。作者引用了柯布（John B. Cobb, Jr.）提出的挑战，净土真宗似乎轻视社会、政治生活，但在与基督教的相遇中，对社会问题的反映却成了必须思考的问题。但柯布由佛教的缘起观提取其伦理学意义却是基于对缘起的错误理解。不过由阿弥陀佛的"本愿"却可以归纳出净土真宗自己的伦理学，那就是所有存在物的无差别救渡，得救唯一的条件就是对大悲的觉知。按照亲鸾的思想，"信心"是阿弥陀佛的赠礼，人"自力"的意志和行动是徒劳的，这是一种绝对的他力拯救。不过作者似乎有意暗示，因为净土真宗的这种伦理学是一种既个体又普世的结构，所以比基督教要高明。

Kenneth Doo Lee 写过一篇文章："Comparative analysis of Shinran's shinjin and Calvin's faith"[59]。讲"信心"与"信仰"在实现各自的目标时有相似的过程和方式。两者都认为自力是徒劳的，而要完全依靠于他力，因此这两者都体现出一种二元论，这种二元论是建基于信徒与阿弥陀佛、信徒与基督的关系之上的。对净土真宗来说，这种二元论一直要持续到修行者彻底涤除业力为止。而在加尔文的信仰概念中，这种关系二元论则贯穿始终。这种二元论之所以是关系性的，是因为信仰的终极目标是使得信徒与上帝建立一种位格关系；而在真宗那里则是修行者的最终觉悟是成佛。论及两者的差别，主要是真宗所讲的信心最终要被觉法代替，而在加尔文那里信仰则自始至终保持完整。此外亲鸾对于信心的强调是独一的，他认为修行者的任何努力都是对阿弥陀佛发愿能力的怀疑，修行者应当彻底放弃自力，而转向阿弥陀佛。由于对于信心的完全他力的理解，修行者的实践自然就成了一种对阿弥陀佛

---

58 Nobuo K. Nomura, "Shinran's Shinjin and Christian Faith," *The Pure Land*, ns 7 (Dec. 1990), pp. 63-79.

59 Kenneth Doo Lee, "Comparative Analysis of Shinran's Shinjin and Calvin's Faith," *Buddhist-Christian Studies* 24 (2004): 171-190.

慈悲感激的表达，而非为进入净土而做出的努力。与之相似的是，在加尔文的信仰概念中，也有此种感恩、谦卑的态度转变。

Paul S.Chung, "Christian Faith and Buddhist Enlightenment" [60]，也是以路德神学"因信称义"为比较对象，来反思亲鸾与元晓（617-686）的慈悲观以及"顿"与"渐"的修行观，以期用一种文化解释学的进路对因信称义的原则进行东亚语境的理解与转化。

除 Streng 的那篇文章以外，以上几篇文章的讨论本质上讲还是在寻找基督教福音的亚洲形式，因此都着力于乍看之下就很相似的净土真宗信仰。这样的讨论实际上可以划归 Paul Ingram 所讲的包容主义对话[61]，而我们要朝向的无疑应该是某种多元主义的对话，才可能达到对双方信仰都有增进作用和创造性转化能力的真诚对话。

本文是以《起信论》这部佛教论典为对象，但在学习上述"比较经学"和"比较神学"研究方法的基础上进路稍有不同，既非"以佛释耶"亦非"以耶释佛"，而是从话题/问题入手，较为系统地界定出《起信论》的重要主题，即对终极实在、人性论、拯救论、修行论等的讨论，尝试在向"他者"学习的过程中，跳出传统的既定的概念术语体系来表达自己的理解，在比较中展现出一个共同的意义结构。笔者认为，比较会促使我们去建构或寻找一般意义的话语，而这种对共同意义结构的追寻终将有助于对这些问题的理解和阐释。

---

60 Paul S.Chung, "Christian Faith and Buddhist Enlightenment," *Studies in Interreligious Dialogue* 17 (2007): 205-220.

61 Paul Ingram 曾将当前的宗教对话归纳为三种模式：（1）排他主义（exclusivism）神学，这种模式在宗教相遇中以概念的差别为焦点，强调宗教间不容通约性，以转化非基督徒成为基督徒为目的，这样的对话实际上成了独白。（2）包容主义（inclusivism）神学，即把其他宗教的教义与实践引入基督教思想，认为世界宗教中只有一种是完全正确的，而其他宗教也多少反映出了这个完全正确。（3）多元主义（pluralism）神学则是对其他宗教的思想与经验的平等对待，认为世界上诸多伟大的宗教传统所体现的是人类对同一个终极实在的感知与回应。*The Process of Buddhist-Christian Dialogue*, p. 52.

第二章 《大乘起信论》的主题

一、导言

按传统的归纳，《起信论》的内容可概括为"一心、二门、三大、四信、五行"，除了围绕《起信论》真伪之辨的大量考证与讨论之外[1]，以往的研究绝大多数聚焦于其形而上的教义部分，即"一心、二门、三大"之义理，但对其实践论与修行论部分的"四信"与"五行"，往往一笔带过。例如讨论其"心性本觉"论，"体用不二"的思维模式，[2]如来藏缘起的本体论架构等等。[3]

如学者所论，尽管该论十分关心哲学的概念和界定，但从根本上说，仍是一部旨在引导学人充分理解大乘佛法的宗教经典和指南，其所有论证的目的，就是为了引导人们对佛法的悟解。[4] Dwight Goddard 更是认为，《起信论》的形而上讨论仅仅是个前奏，要紧的是其所指的成佛之路。佛法不是用来信仰的哲学系统，它是一个以万物一体（identification of one's own life with all life）为顶峰的历程之展开。[5] 因此，其谈论信仰和实践的"四信、五行"本是不可或缺的重要部分，而修行实践的比较亦是当今佛耶对话在教义的比较

---

1 参本文第一章第一节。

2 如龚隽：《〈大乘起信论〉与佛学中国化》，第二、三、四章。

3 如田养民：《大乘起信论如来藏缘起之研究》（台北：地平线出版社，1978 年）；尤惠贞：《〈大乘起信论〉如来藏缘起思想之探讨》（新北市：花木兰文化出版社，2011 年）。

4 Yoshito Hakeda (tr.), *The Awakening of Faith: Attributed to Asvaghosha* (New York: Columbia University Press, 1967), pp. 15-16.

5 Dwight Goddard: *The Principle and Practice of Mahayana Buddhism: An Interpretation of Professor Suzuki's Translation of Ashvaghosha's Awakening of Faith* (Thetford, Vermont, 1933), p. xxi.

之后的重要转向。因此，本章按本体论、信仰观、拯救论、修行观的脉络，系统勾勒《起信论》之重要主题，后文将按此脉络，探索在佛耶对话相关主题中，若以《起信论》为参照，将会有哪些新的启发。

二、悲惨世界与如来藏

据学者考订，《起信论》出现的时间，是在公元六世纪下半叶[6]，亦即南北朝时期，此时的中国，战乱频仍兵燹遍地，整个社会长久地处于无休止的战祸、饥荒、疾疫中。人们对生存之苦现实之恶避无可避的命运之体认，想必比任何时候都要强烈而切肤。面对"白骨蔽于野，千里无鸡鸣"[7]的人间惨景，孔孟的道德老庄之逍遥皆不能解决和解释人生之悲苦，这时候佛陀的教导给找不到出路的生灵指出了希望之所在，寄因果于轮回，托公义于来生。世间苦难越深重，灵魂越向往美好、慈悲、智慧与解脱，有学者认为，六朝时期的时代精神（Zeitgeist）一言以蔽之曰"彼岸的"（othershorely）[8]。

若自西汉哀帝元寿元年（公元前2年）算起[9]，佛法初传至此时，已经过了近六百年。佛教思想经过与中国文化漫长的交流与演变，融贯大乘诸流派的《起信论》应运而生，其如来藏缘起的形而上学提供给人生起信仰的信心，展现盼望之所在。公元574-576年北周武帝灭佛，更使人们相信已到了末法时代，如学者所言，当其时，制度上与精神上的危机使佛法僧三宝都成了易坏之物，万物皆流，无物常驻，这时候《起信论》的出现似是教人将信心归向根本的、不变易的"真如心"。[10]它不仅成为了那个时代的代表作，更是中国化大乘佛教的滥觞。

《起信论》"归敬颂"已点明造论的目的："为欲令众生，除疑舍邪执，起大乘正信，佛种不断故"[11]，接着正文开篇即言："有法能起摩诃衍信根，

6　此乃综合各家考订所能得出的较为一致的结论。杜继文综合吕澂等前辈学者的结论，认为《起信论》的面世时间应在569到588年的二十年间，见氏著《汉译佛教经典哲学》（下卷），页541-542。

7　曹操《蒿里行》句。

8　Whalen Lai, "The Awakening of Faith in Mahayana", p.245.

9　参考潘桂明：《中国佛教思想史稿·第一卷　汉魏两晋南北朝卷（上）》（南京：江苏人民出版社，2009年），页1。

10　参考 Whalen Lai, "*The Awakening of Faith in Mahayana*", pp. 241-242.

11　马鸣菩萨造，【梁】真谛译：《大乘起信论》，《大正藏》册32，中华电子佛典协会（Chinese Buddhist Electronic Text Association），简称 CBETA，T32，n1666。以

是故应说（T32n1666.0575）"。为了让众生舍去疑惑与偏见，生起大乘正信，发菩提心，起菩萨行，最终历久劫而成佛。众生能起大乘正信、发菩提心，就是有了佛种，为了佛种的不断，令这自利利他的大乘功德常住世间、利乐有情，就是造论的究极目的。那么，为何起信？信的对象是什么？如何起信？如何修行？修行的结果是什么？则应是此论要详细阐述的内容。

按一般的了解，"信"这一主题在基督教中是第一义的问题，而在佛教，因为并没有一个唯一的人格神作为信仰对象，"信"这一问题并没有太多正面的论述，虽然如此，信仰问题在佛教中同样是重要的核心问题。学者认为，信的问题在"如来藏思想"中是特别突出，在大乘佛教的思想潮流中的如来藏说，可以说是在确立其"信的佛教"之处才有其意义和特色的。[12]

《起信论》向来被视为如来藏系经典的代表。大乘佛教常依教义之不同而被划为中观、瑜伽、如来藏三系。例如：太虚大师依教理将大乘佛法分为三宗：法相唯识宗、法性空慧宗、法界圆觉宗。印顺法师继承太虚思路将之改进为：虚妄唯识论、性空唯名论、真常唯心论。他们认为前二宗相当于印度的中观、瑜伽二派，而真常唯心论系统乃渊源于印度的如来藏系思想，这一真如缘起说系统以《起信论》为完成的标志。[13]

如杨文会、方东美、萧萐父等都认为，《起信论》其内容上不仅调和了印度涅槃经系与如来藏经系，并有进一步发展和新的开拓，形成与中国传统哲学有所融通的中国化的大乘教义。[14]

就大乘佛教的中观、唯识及如来藏各系各自的局限而言，空宗以缘起性空而说诸法实相，虽洞见诸法平等的不二法门，但对由实相至无明众生生死流转的现象与原因却缺乏正视与说明；唯识宗虽对众生的无明、妄念、业感

下引《起信论》原文将随文加注。与研究内容所涉版本相关，本文将在第三章引用实叉难陀译本，其他部分皆引更为通行的真谛译本，原文标点将按印顺《大乘起信论讲记》进行少许改动。

12 水谷幸正：〈如来藏与信〉，载于高崎直道等著，李世杰译：《如来藏思想》（台北：华宇出版社，1986年），页184。

13 印顺：〈《起信论》平议〉，载于黄夏年主编：《印顺集》（北京：中国社会科学出版社，1995年）。

14 方东美：《华严宗哲学》（台北：黎明文化出版公司，1981年）。萧萐父〈关于大乘起信论的历史定位〉，载王尧主编：《佛教与中国传统文化》（北京：宗教文化出版社，1997年）上册。杨文会：《与郑陶斋（官应）书》，载于《杨仁山居士遗着》（南京：金陵刻经处，1917年）。

等负面现象，给予了细密而高明的心识分析，但以妄染的阿赖耶识为一切法之依止，却只能说明生死流转的根源，不能说明涅槃还灭的根据何在。它以无漏种子来说明转识成智之所以可能，但无漏种子须正闻熏习才能产生，而众生能否得到正闻熏习则是完全偶然的，因此，众生能够转迷开悟的内在原因或潜能没有得到说明。如牟宗三所说，要解决成佛的必然性问题，此义理系统必然要向前推进至为清净无漏种子寻找一个先验的根据，这就会发展到以自性清净心为主、虚妄熏习为客的如来藏真心系统。[15]如傅伟勋所言：“《起信论》的如来藏缘起论不但结合了中观论的不二法门与唯识论的心识分析，同时不放弃不二法门为根本义谛的条件下，开展如来藏心性论，实有助于众生发起大乘正信的菩提心，盖此菩提心来自真如心性之故。”[16]

以《起信论》为代表的这样一个如来藏缘起论系统，在中国引起了巨大的反响。它指出了如来藏是指众生本具的清净本心，它是常住不变的，是众生厌离生死苦，欣求涅槃的原动力。在五世纪中叶传入中国的《楞伽经》把如来藏的概念与阿赖耶识结合，以被无始无明所熏的如来藏为阿赖耶识，是一切不善法之因，而如来藏受熏之前本性乃是清净的，是一切善法之因。

（一）“起信”的本体论依据

《起信论》全文以归敬颂始，以回向偈终。其主体分为五个部份，分别为：因缘分、立义分、解释分、修行信心分、劝修利益分。第一因缘分，作者陈述造此论的八个理由。第二立义分，作者列出本论要论证和发挥的论纲。第三解释分，由上述论纲详细论说大乘学说。第四修行信心分，讨论上述理论的实践修行。第五劝修利益分，提出生正信勤修习所得的利益。《起信论》的主要内容，常被归纳为“一心、二门、三大、四信、五行”，此一归纳虽未囊括其全部内涵，却无疑赅括了其基本要素。其中，“一心二门”为理解《起信论》的关键概念。[17]

1.“一心”

起大乘正信者，起相信大乘正法之心也；“所谓法者，谓众生心”（《起信

---

15 见牟宗三《佛性与般若》（台北：台湾学生书局，1977年），页477。

16 傅伟勋：〈《大乘起信论》义理新探〉，页330。

17 元晓《起信论疏》（上）总结《起信论》的“宗要”时说：“开则无边无量之义为宗，合则二门一心之法为要”。此中“开”指“一心二门”，“合”指“二门一心”（CBETA，T44，n1844. p.202）。

论》），此法指的是"心法"，即一切众生所有之心（众生心），作为"真如"的同体异名，它还有"如来藏自性清净心"、"心"、"一心"、"真如心"、"心性"等随不同情境而使用的不同称呼。这作为本体论的"一心"有着既超越一切法又内在于一切法的性质。借牟宗三对"内在超越"的解释："分解地言之，它有绝对的普遍性，越在每一人每一物之上；而又非感性经验所能及，故为超越的；它又为一切人物之体，故又为内在的"[18]，此"心"的内在体现在众生本具，"摄一切世间法出世间法"，是存在的根基，是众生厌离生死，欣求涅槃的原动力；而它又是常住不变的，是无条件的绝对，它"染而不染"，"不染而染"，"染净一如"的境界毕竟是理性所不能思虑，是唯佛能了知的，是以为超越。[19]

《起信论》立义分开篇云：

> 摩诃衍者，总说有二种。云何为二？一者法，二者义。
>
> 所言法者，谓众生心。是心则摄一切世间法出世间法。依于此心显示摩诃衍义。何以故？是心真如相即示摩诃衍体故；是心生灭因缘相能示摩诃衍自体相用故。
>
> 所言义者，则有三种。云何为三？一者体大，谓一切法真如平等不增减故；二者相大，谓如来藏具足无量性功德故；三者用大，能生一切世间出世间善因果故，一切诸佛本所乘故，一切菩萨皆乘此法到如来地故。（T32n1666.0575）

此处"众生心"即是把真如约定在存在的层面时的表达，真如代表无条件的绝对、无所不包的实在。除众生心外，还以心、一心、心性等概念来表达此在世间层面的真如。此心"摄一切世间法出世间法"，亦即，它含摄本体与现象，普遍与特殊，无限与有限，动与静，圣与凡，绝对与相对等等。绝对与相对并非二元对立，它们之间的差别只在认识论意义上而不在本体论意义上。从人的存在而言，人既超越地属于绝对层面，又现实地处于现象的、有限的、凡俗的层面。

---

18 牟宗三：《圆善论》（台北：台湾学生书局，1986 年），页 340。

19 《起信论》文曰："依无明熏习所起识者，非凡夫能知，亦非二乘智慧所觉。谓依菩萨，从初正信发心观察，若证法身得少分知，乃至菩萨究竟地不能知尽，唯佛穷了。何以故？是心从本已来自性清净而有无明，为无明所染，有其染心。虽有染心而常恒不变，是故此义唯佛能知（T32n1666.0577）。"

"如来藏"这一概念就是指涉身处世间的人拥有潜在的开悟得解脱的能力。"如来"原指释迦牟尼佛,但后来在更广泛的意义上指真如、绝对;"藏"意味着一种基质、萌芽或胚胎。正是由于真如普遍内在与一切众生,人人皆有佛性,本觉才有可能得到开发,人才有望得到解脱。《起信论》的基本前提就是真如既超越一切法又内在于一切法。

此真如法在体、相、用三方面各有其意义。"体大"是指一切法的真如性平等不二,不增不减,能遍及一切处;"相大"是说此真心法具足无量功德;"用大"是说此真心法能生起一切世间出世间法,并是一切菩萨乘此而到如来地的车乘。此真心是成佛之内在根据,一切法皆以此真心为依止。此以真心为主虚妄熏习为客的系统通常名之曰"如来藏缘起"。

《起信论》所讲的如来藏真心系统以"如来藏自性清净心"为超验的根据,亦即将之作为成佛的必然根据,从而使修行者能达至"一乘究竟",即最终成佛。《起信论》以染净同于一心,心性不二,一体两面的哲学理路,通过体、相、用三大的不二关系,沟通了生灭变化与永恒真理,现象与本体,在世与出世的两面。

2. "一心开二门"

此一"众生心"因为和合染与净、真与俗、觉与迷,所以能开出"真如"与"生灭"两门,亦即,真如流转为生灭和还灭于自身的辩证运动。"和合"是"众生心"的一个主要特点,此心有迷妄不觉,又弥满清净觉悟。心的概念在佛教教义中有多重用法,唯识家一般把心统摄为阿赖耶识,万法唯心亦即万法唯识。《起信论》中,"众生心"与阿赖耶识俱有和合义。众生心"摄一切世间法出世间法",阿赖耶识"不生不灭与生灭和合"。实则这两者指同一概念的不同两面,众生心偏向指赖耶实相的一面,阿赖耶识偏向指其缘起的一面。

阿赖耶识在佛教各宗派甚至同一宗派中都有不同的理解。印顺法师《唯识学探源》[20]一书中讲,印度唯识学者认为赖耶是一切染法的依持,也就是把阿赖耶识作为杂染根本。而唯识学传至中国,赖耶染净的问题就变得复杂起来,摄论、地论二宗为此争论不休。

《起信论》将阿赖耶识规定为真妄和合,就是为了说明众生流转还灭,悟解成佛的根据这一问题。

---

20 印顺:《唯识学探源》(北京:中华书局,2011 年)。

"众生心"具有"真如相"与"生灭因缘相"，它涵摄了真如与生灭二门。其文云：

> 显示正义者，依一心法有二种门。云何为二？一者心真如门，二者心生灭门。是二种门皆各总摄一切法。此义云何？以是二门不相离故。（T32n1666.0576）

一心法即"众生心"，自其"体"开出心真如门，自其"相、用"开出心生灭门。虽然一心开二门，然而此二门并非对立分离的，任何一门皆可总摄一切法。生灭门是流转地总摄一切法，真如门是还灭地总摄一切法。而"还灭"是就生灭门所流转起现的一切法而还灭之，因而"心真如"是对"心生灭"的"如"。如牟宗三所说，心真如就是心生灭法的实相，并非脱离生灭法的空如性而另有一套独立的真如。分说则有二门，圆融地说则是二门不相离而各总摄一切法。[21]

《起信论》讲"心真如门"是"一法界大总相法门体"，也就是说此门有本体论的性质。说真如心就是一切法的空如性，它以空如为性，是"不生不灭"的，此不生不灭的真如心是"不起念而直证诸法无差别之如性之真常净心"。[22]真如心有"空"与"不空"两方面的性质：

> 复次，此真如者，依言说分别，有二种义。云何为二？一者如实空，以能究竟显实故；二者如实不空，以有自体具足无漏性功德故。（T32n1666.0576）

真如心"空"乃是因为它能荡涤名相遣除计执，真如心"不空"则是实相的说明，因为它清净法体恒常不变，且具足无量无漏功德，能统摄一切缘起法。

真如心空而又不空，空与不空融而为一就是中道，这是《起信论》以遮诠与表诠彰显体用不二的意义。

真如心本性清净，但可随无明妄念（阿赖耶识）而缘起生死杂染法，因此它"不染而染"，但它本身却并不起现杂染法，因此又是"染而不染"，所以才能就杂染法而还灭之。

而《起信论》的"心生灭门"则是建立在阿赖耶识"和合"的基础上，为了表现真如随缘受熏而又沿流返灭，自我实现的动态过程。《起信论》主张

---

21 牟宗三：《佛性与般若》，页455。
22 同上，页457。

一切杂染无自性，以真如为体。在"心生灭门"内展开体、相、用不二的意义，并把真如具体规定为"本觉"，真如的自我实现，表述为觉与不觉的互动。《起信论》就"心体离念"的觉义，作了详细的分疏："始觉"是就"本觉"在无明位中的"自觉"而言，是"本觉"的自我复归的开始；就离念而复归"本觉"的程度不同，又分"不觉"、"相似觉"、"随分觉"、"究竟觉"等，从而凸显和完善化了"心性本觉"的义理，而与印度佛学传统的"心性本寂"的说法迥然有别。[23]

3. "真如门"与"生灭门"的转化关系

《起信论》讲真如与生灭二门的关系是"二门皆各总摄一切法"，"以是二门不相离故"。那么，这二门是怎样互摄，真如门如何向生灭门过渡的呢？《起信论》提出"无明"熏习"真如"而生起杂染的生灭心，从而引发境相万殊，烦恼迭生，以及由此流转生死和修习"出离"，由"不觉"而至"始觉"、"究竟觉"，最后归向"本觉"。其文云：

> 所谓心性常无念故，名为不变。以不达一法界故，心不相应，
>
> 忽然念起，名为无明。（T32n1666.0577）

以真心为凭依，忽然起念，生起杂染的生灭心，生灭心即是阿赖耶识。因为凭依真心而起，故说是"不生不灭与生灭和合"。"不生不灭"是说生灭心所凭依的真心的清净法体恒常不变，而"生灭"则是指生灭心的内在现实性，即杂染性。生灭心既以真如心为凭依，又怎会忽然起念生起杂染的生灭心呢？无明没有根源，也没有实体，我们一念不觉就会堕入无明，但它到底是从何而来？《胜鬘经》说"难可了知"，《起信论》照此思路，认为这是一个唯佛能知的形而上学的终极问题，它说：

> 依无明熏习所起识者，非凡夫能知，亦非二乘智慧所觉。谓依
>
> 菩萨，从初正信发心观察；若证法身，得少分知；乃至菩萨究竟地，
>
> 不能尽知，唯佛穷了。何以故？是心从本以来，自性清净而有无明，
>
> 为无明所染，有其染心，虽有染心而常恒不变，是故此义唯佛能知。
>
> （T32n1666.0577）

"无明"从人类认知的层面来说是极细微而又根本的问题，它超越人类的认知能力，所以说它"与心不相应"。这一无明是一切染污虚妄心识的源头，

---

23 参见萧萐父〈关于大乘起信论的历史定位〉，载王尧主编：《佛教与中国传统文化》（北京：宗教文化出版社，1997 年）上册，页283-289。

但它究竟如何生起、为何生起、真如与无明的关系如何，却只能是"唯佛能知"的终极假定。

佛陀在世时就有人提出此类问题，但他从不给予正面回答，只以譬喻说法，引导人实地修习，只有在证得大圆镜智的境界才能自然了解。[24]

4. "无明"的来源与灭除

在《起信论》的处理中，无明的产生与性质，不是一般的知识论的问题，我们无法以理智的思辨把握它。而我们能做的，就是积极对治，通过修证而使本觉自我呈现。《起信论》曰：

> 当知真如自性，非有相，非无相，非非有相，非非无相。非有
> 无俱相。非一相；非异相。非非一相，非非异相。非一异俱相。乃
> 至总说，依一切众生，以有妄心，念念分别，皆不相应，故说为空。
> 离妄境界，唯证相应。（T32n1666.0576）

遣除一般感性、知性、理性的直觉与思辨对真如法性的把握，同时又不堕外道"恶趣空"，《起信论》肯定了一种以"空"为根本的"真智"，这里"空"不是一个消极的概念，说真如是空，只是表明它是一种与概念不相应的、超越的、离念的观照方法。[25]《起信论》讲的"空"，是要遣虚存实，遣除能所二元论的认知方式去认识真如本性。

> 是心从本已来自性清净而有无明，为无明所染，有其染心。虽有
> 染心而常恒不变，是故此义唯佛能知。所谓心性常无念故，名为不变；
> 以不达一法界故，心不相应，忽然念起，名为无明。（T32n1666.0577）

《起信论》所讲的阿赖耶识由于和合了本觉智性，故而又能因本觉不思议熏习之力，反熏无明，以"真如熏习"的内力与"正闻熏习"的外缘共同作用，通过息心灭相、沿流而返、彻悟心性，完成还灭成佛的过程。牟宗三认为，依《起信论》所说，觉的熏习成主要原因在内力，此即所谓"真如熏习"。《起信论》所谓"真如"即心真如之真心，真如熏习并不只是如中观及唯识学所说由观万法缘起无性而悟到的空如理，若真如只是空如之理，则它"既不被熏，亦非能熏"。它更是由于有真如心，"它既可以为无明所熏，不染而染，它亦可以染而不染，能熏无明"。这真如心有内在的影响力，能反熏无明，使众生转迷成悟。

---

24 参考龚隽：《大乘起信论与佛学中国化》，第二章《"一心二门"的心性学说》。

25 参考 Hakeda S. Yoshihito .*The Awakening of Faith: Attributed to Asvaghosha*, p. 36.

以"真如心"为绝对一元论的如来藏缘起说,显然是从如来的境界而俯向众生的"倾身下顾",众生不能靠经验与理性来理解,只能靠"仰信"来体会与追寻[26],这就是"信"的问题在如来藏学说中特别突出的原因。

这一"真如心"之所以能即超越即内在,是因为它有非空非不空的性质。《起信论》曰:

"复次,此真如者,依言说分别,有二种义。云何为二?一者如实空,以能究竟显实故;二者如实不空,以有自体具足无漏性功德故。"

"所言空者,从本已来一切染法不相应故,谓离一切法差别之相,以无虚妄心念故。当知真如自性,非有相,非无相,非非有相非非无相,非有无俱相;非一相,非异相,非非一相非非异相,非一异俱相。乃至总说,依一切众生,以有妄心,念念分别,皆不相应,故说为空,若离妄心,实无可空故。

所言不空者,已显法体空无妄故,即是真心;常恒不变,净法满足,则名不空。亦无有相可取,以离念境界,唯证相应故。(T32n1666.0576)"

关于这空与不空的解释,一般解为真如心"空"乃是因为它能荡涤名相遣除计执,真如心"不空"则是实相的说明,因为它清净法体恒常不变,且具足无量无漏功德,能统摄一切缘起法。[27]另有学者认为"第一义通过揭示真如与杂染法的关系,凸显真如清净体相;第二义通过揭示真如与无漏法即清净法的关系,彰明真如功德体相"[28]。总而言之,与杂染和清净的关系定义了真如的空与不空。这"如实空、如实不空"也就是超越空与不空的规定,是对它的超越性、离验性的表达,保证了对"真如心"解读的非实体化,使其免于"外道"的指责。

20世纪80年代,由日本佛教学者袴谷宪昭与松本史朗发起的"批判佛教"运动中,《起信论》再一次成为众矢之的,批判佛教诸学者认为,以如来藏学说为支撑的"本觉思想"是一种根源实在论的基础主义,它主张由单一真实

---

26 《起信论》文曰:"是故众生但应仰信(T32n1666.0583)"。

27 牟宗三:《佛性与般若》,页459。

28 周贵华:《〈大乘起信论〉的一心二门说:与唯识相关义的一个比较》,《比较经学》(北京:宗教文化出版社),2014年第3辑,页222。

的基体生发出多元的现象，这与佛陀的缘起观念是对立的。如来藏学说虽然萌芽于印度，但却在中日本土化的佛教思想中才成为主流。他们认为，这种以中国佛教为代表的的东亚佛教传统严重背离了印度佛教的路线。[29]

牟宗三对"如来藏真心"可能引起的非议曾做过如下解释，他说，《起信论》的真如心是"一切法门之体"，但这"体"只是就空如性上而言，"此体字是虚意的体，非有一实物的体"[30]。龚隽进一步指出，《起信》从"空"和"不空"两义来讲真如，依《起信》的脉络，"如实空"不是就存在的意味，而是从"言说分别"的意义上予以论究的。[31]即是说，"空"是离一切言相，因此心体并不是"虚意的体"，而应解为"无相的体"。[32]中国佛教的确有保留实体观念的倾向，但大体上是沿袭道生"无我本无生死中我，非不有佛性我"的思想，以无相说无我。[33]而印度佛教的"无我"观念，可以说是以"形式的实在论"讲佛陀的形上学，区别于外道"实体性的存在论"。[34]以宋译四卷《楞伽经》为例，其中的如来藏思想保留了印度佛教"无我"的基本观念，是"无所有境界"，又名"无我如来藏"，以自性涅槃等义说如来藏，只是为断愚夫畏无我、堕于断见而作的方便说。[35]

（二）信仰的层次

《起信论》以"众生心"为本而成立大乘法，可以说有着明确的实践性目的，就是要令众生发起并容易发起对大乘正法的信仰，最终实现它、证实它。如印顺法师所说，这心，是人人现成、不假外求，"可以当下生起正信"[36]。既然人人都本有这清净自在的"真如心"，那么信仰佛法就是要信此心，修持佛法就是要修证、实现自心的清净与自在。

---

29 关于"批判佛教"运动，见 Jamie Hubbard & Paul L. Swanson (ed.), *Pruning The Bodhi Tree: The Storm over Critical Buddhism* (Honolulu: University of Hawai'i Press, 1997); 松本史朗著，萧平、杨金萍译：《缘起与空：如来藏思想批判》（香港：经要文化出版有限公司，2002年）。

30 转引自龚隽：《禅史钩沉》（北京市：生活·读书·新知三联书店，2006年）第九章〈禅是佛教吗？——"批判佛教"运动关于禅的观念检讨〉，页374。

31 同上，页374。

32 同上，页375。

33 同上，页375。

34 同上，页375。

35 同上，页375。

36 印顺：《大乘起信论讲记》，页13。

《华严经》云："信为道元功德母，长养一切诸善法"[37]，生起信心，是学大乘法的第一步，"起信"的重要性，乃在于即便存在人人具足的真如心，若不能诚心相信，那就等于没有此真如心。印顺把这种诚心相信叫做"信顺"，"信顺，是对于这种法有了纯洁的同情与好感；然后生起信可、信求，乃至到证信。由最初的信顺心到证信，佛法都叫做信——信以心净为性。信，不但是仰信，要从最亲切的经验，去完成无疑的净信（信智合一）。……所以，从浅处说，起信，是要我们于大乘法，起信仰心；从深处说，是要我们去实现他、证实他。本论名大乘起信论，就是以修学大乘而完成大乘信心为宗趣的。如不能于大乘法生信心，即与大乘无缘了。"[38]简而言之，从信心的生起到证成这全过程都是"起信"，其间展现的是信与觉的辩证法。《大智度论》云："佛法大海，信为能入，智为能度"。日本学者水谷幸正认为，佛道是从"信"（śraddhā）到"般若"（prajñā）为始终的，这可说是初期佛教以来的定说。[39]

佛典中的"信"字通常对应三个梵文词：śraddhā，prasāda，adhimukti。若细究其根本义，那么śraddhā本指闻信，即听闻佛说而信受；prasāda则是净信，是使心澄净；adhimukti是表示心倾注、执着得解的状态，有时被译为解信、信解、胜解，是完全自由的心对佛法的彻底信赖。[40]这三个词通常代表着信的不同阶次，而以śraddhā最为常用，因而也常常作为普遍意义的"信"，约可对应于"faith"，包含着由最浅层的信赖到更深远的以超越方式作用的"仰信"。

《起信论》"因缘分"将造论的八种理由做了条分缕析的叙述，曰：

问曰："有何因缘而造此论？"

答曰："是因缘有八种。云何为八？

一者、因缘总相，所谓为令众生离一切苦得究竟乐，非求世间名利恭敬故。

二者、为欲解释如来根本之义，令诸众生正解不谬故。

---

37 《大方广佛华严经》卷十四贤首品第十二上，CBETA 电子佛典集成，《大正藏》第 10 册，No.0293，第 14 卷。

38 印顺：《大乘起信论讲记》，页 10。

39 水谷幸正：〈如来藏与信〉，收于高崎直道等著：《如来藏思想》，页 190。

40 参考水谷幸正：〈如来藏与信〉，页 189-196。

　　三者、为令善根成熟众生于摩诃衍法堪任不退信故。

　　四者、为令善根微少众生修习信心故。

　　五者、为示方便消恶业障善护其心，远离痴慢出邪网故。

　　六者、为示修习止观，对治凡夫二乘心过故。

　　七者、为示专念方便，生于佛前必定不退信心故。

　　八者、为示利益劝修行故。有如是等因缘，所以造论。"

　　（T32n1666.0575）

　　由第三与第四可见，本论是根据众生根器的机宜而因材施教，另一方面看也就是指向普救论，当然这种普救仅限于人类，尚未达至荆溪湛然之"无情有性"，乃至如道元（1200-1253）所讲一切存在皆有佛性的广度。另外，牟宗三曾论"无情有性"只是一切皆涵润于三因佛性中（智者大师据《大般涅槃经》卷二十八，认为一切众生皆具正因、了因、缘因三因佛性），是佛性使一切皆登一真法界，而不是说此三因佛性亦能客观地即是草木瓦石之性，彼草木瓦石亦能体现之而成佛。[41] 笔者认为，人因觉悟而体证佛性，得无生法忍。而无情之物本身即在如中，本无颠倒梦想，无所谓觉与不觉，不需证悟，也就不能说是不是成佛。在觉者眼中，一切存在的真如实性得到揭示，可能这才是一切存在皆有佛性的正确解释。

1. 针对善根成熟众生

　　"令善根成熟众生于摩诃衍法堪任不退信"，善根成熟即已生起对大乘法的信心而发心修行的众生，使这类众生能担当得起而做到信心成就不退转。这一缘与后文"解释分"一章第四节"分别发趣道相"紧密相关：

　　　　"分别发趣道相者，谓一切诸佛所证之道，一切菩萨发心修行趣向义故。略说发心有三种。云何为三？一者、信成就发心，二者、解行发心，三者、证发心。（T32n1666.0580）"

　　这一节是修行与证果门，是讲发心修行佛所证之"道"的菩萨之不同行位深浅而有三种"发心"。发菩提心，是从因位向果位的趣向。信成就发心，是对初发心住菩萨而言，此类众生于三宝与无上菩提深信不疑，信心成就得无退转；解行发心，是对初住菩萨以上，一直到十回向终的菩萨，《解深密经》名之曰"胜解行地"，就是对诸法性相，有甚深的信解，又已经修习广大资粮

---

41 参牟宗三：《佛性与般若》，《牟宗三先生全集》第四册（台北：联经出版社，2003年），页1158。

行，有解有行，所以名解行；证发心者，是对初地以上的菩萨说，"从净心地，乃至菩萨究竟地"，此阶段的菩萨都能分证法身。[42]

2. 针对善根微少众生。

第四缘"为令善根微少众生修习信心故"与后文"修行信心分"内容相应，教善根未熟，也就是没有发起信心的众生发起信心，并进一步修习而得坚固。"修行信心分"一章意在说明信是什么，信与行之关系如何，论曰：

> 是中依未入正定聚众生故，说修行信心。何等信心？云何修行？
> 略说信心有四种。云何为四？
> 一者、信根本，所谓乐念真如法故。
> 二者、信佛有无量功德，常念亲近供养恭敬，发起善根，愿求一切智故。
> 三者、信法有大利益，常念修行诸波罗蜜故。
> 四者、信僧能正修行自利利他，常乐亲近诸菩萨众，求学如实行故。（T32n1666.0581）

按"未入正定聚众生"，是发心住菩萨以下的众生，即初学大乘法的众生。佛说有三聚（类）众生：一、正定聚，二、邪定聚，三、不定聚。正定，是决定了走上圣道的，初住菩萨即是此类；邪定，是决定了走上恶趣并在短期内没有回邪向正趣入圣道的可能；在正定与邪定之间，一般的人天众生即是不定聚，遇正师正法即可转成正定聚，遇邪师邪法即可转成邪定聚。[43]说修行信心的方法即为了引发初学大乘法的众生对佛法的乐欲修行，希求信行。论既名《起信》，对信心的修成，自然是着重强调。这里举出四种信心，是在传统"佛法僧"三宝之外加上对"根本真如"之信，以真如为三宝的根本，是此论的特色，也是使如来藏学说与"信"关系密切的原因。因为信真如所指向的目标就是使自性清净的如来藏最终显现。

三、《起信论》的拯救论

学者曾用蒂利希（Paul Tillich）的神学诠释对基督教的拯救论进行了有别于传统"教会以外别无拯救"的更为包容性的理解，蒂利希认为"拯救是从

---

42 参考《起信论》后文对此三种发心的详细论述。

43 参考印顺：《大乘起信论讲记》，页 306。

salvus（"健康"或"整全"）衍生出来的，可以应用在所有医治的行为上：医治疾病、鬼附、罪与死亡终极权力的奴役"，生命是多向度的，拯救和医治也应与人类生命的所有向度相关联。[44]这样的诠释取代了传统的排他性和狭隘性理解，使拯救一词可以在更普世和公共的意义上来理解和使用。

在此意义上，我们可以用"佛教的拯救论"来概括对治、清洁、破执、渡脱等"医治"手段和以一切向度的疾病（如"生、老、病、死、爱别离、怨憎会、求不得、五阴盛"等八苦）为"医治"对象的救渡。

既然众生皆有自性清净的真如心，那么，《起信论》是如何论述与之相应的拯救论，亦即，人如何修证此真如呢？文曰：

> 问曰："上说法界一相、佛体无二，何故不唯念真如，复假求学诸善之行？"
>
> 答曰："譬如大摩尼宝，体性明净，而有矿秽之垢。若人虽念宝性，不以方便种种磨治，终无得净。如是众生真如之法体性空净，而有无量烦恼染垢。若人虽念真如，不以方便种种熏修，亦无得净。以垢无量遍一切法故，修一切善行以为对治。若人修行一切善法，自然归顺真如法故。"（T32n1666.0580）

众生之如来藏虽然体性空净，但无始以来就有无量烦恼染垢，如摩尼宝在矿秽，磨治摩尼宝珠上的矿秽之垢以使其本来明净的体性显现，可视为本论对修治功夫的经典论述。

如上文所云，人以"修一切善行"对治遍一切法的烦恼，就"自然归顺真如法"。此修行所覆盖的范围是无边的，印顺法师讲到："修布施，可以净治悭贪；修慈悲，可以净治瞋恚；修智慧，可以净治愚痴等。有无边烦恼染法，即须有无边清净善法去对治它。"[45]《起信论》所讲的离妄归真，由不觉而始觉终至染法去尽而"究竟觉"，显现本觉的真如心，就是其拯救观的完整表达。如吕澂所云：《起信》以本觉为宗，功夫以离念归趣无相"，"谓本觉

---

44 赖品超：〈中国宗教与救赎历史：基督教神学的观点〉，载于欧大年、赖品超著，杨国强译：《中国宗教·基督教·拯救：中国宗教学家与基督教神学家的对话》（香港：香港中文大学崇基学院宗教与中国社会研究中心，2000年），页15。作者后来对"salvation"一词的翻译做了纠正，认为将"salvation"译为拯救而将"redemption"译为"救赎"是更为恰当的。见氏著：《广场上的汉语神学》（香港：道风书社，2014年），页193，注1。

45 印顺：《大乘起信论讲记》，页318。

以无明而不觉，今离念归趣无相，使不觉而返之于本觉。"[46] 这样的拯救观与其人性论有着紧密的关系，人虽超越地属于绝对层面（众生皆有自性清净的真如心），又现实地处于现象的、有限的、染污的层面，人无始以来即是业障深重，有无量烦恼染垢。

但吕澂曾对中国佛学的本觉论痛加挞伐：

> "前函揭橥性寂与性觉两词，乃直截指出西方佛说与中土伪说根本不同之辨。一在根据自性涅槃（即性寂），一在根据自性菩提（即性觉）。由前立论，乃重视所缘境界依；由后立论，乃重视因缘种子依。能所异位，功行全殊。一则革新，一则返本，故谓之相反也。说相反而独以性觉为伪者，由西方教义证之，心性本净一义，为佛学本源，性寂乃心性本净之正解（虚妄分别之内证离言性，原非二取，故云寂也）。性觉亦从心性本净来，而望文生义，圣教无征，讹传而已。讹传之说而谓能巧合于真理，则盲龟木孔应为世间最相契者矣。中土伪书由《起信》而《占察》，而《金刚三昧》，而《圆觉》，而《楞严》，一脉相承，无不从此讹传而出。流毒所至，混同能所，致趋净而无门。不辨转依，遂终安于堕落。慧命为之芟夷，圣言因而晦塞，是欲沉沦此世于黑暗深渊万劫不复者也。"[47]

龚隽在《〈大乘起信论〉与佛学中国化》中细究了佛教东传过程中"心性本寂"向"心性本觉"的转变。如龚隽所言，"心性本寂"着重于心性本体的寂灭不动，而不贯彻于相对的生灭现象，其转依的目的在清净涅槃。而"心性本觉"则是不安于寂灭的本体，而是要向下回向，发出一种势力，……以自觉觉他和摄世利生，从而一较寂灭涅槃而为妙明菩提。[48]

由是观之，"本觉"相较于"本寂"反而更相应于不住涅槃、自渡渡他的大乘精神。佛陀既是觉者，那佛性本觉又有何不可？

四、《起信论》的修行观

按黎惠伦的研究，《起信论》的时代出现的中国宗派其标志性特点即是理

---

46 吕澂：〈辩佛学根本问题〉，载于《中国哲学》第十一辑（北京：人民出版社，1984年），页169-199。

47 吕澂：《辩佛学根本问题》，页171。

48 见龚隽：《〈大乘起信论〉与佛学中国化》，页79-83。

论与实践并重（见行相应）。[49]从"大乘起信论"这一标题亦可知，它是以总括大乘佛教的理论和实践为目的，以成为总摄大乘的论书。《起信论》讲，为使信心增长，并最终成就，有五门的修行：

> "修行有五门，能成此信。云何为五？一者、施门，二者、戒门，三者、忍门，四者、进门，五者、止观门。"（T32n1666.0581）

以下分门别类从具体的行为细说如何修行这五门，一般认为，止观即禅定与般若，所以此五门即六波罗蜜多（pāramitā）。但是反观前文，在"分别发趣道相"一节"解行发心"中讲过，对真如法有甚深信解的"解行发心"位的菩萨，在理事相应无碍，理解离相真如，无着无碍的层面上，才可说修六波罗蜜多：

> "解行发心者，当知转胜。以是菩萨从初正信已来，于第一阿僧祇劫将欲满故，于真如法中，深解现前，所修离相。以知法性体无悭贪故，随顺修行檀波罗蜜；以知法性无染、离五欲过故，随顺修行尸波罗蜜；以知法性无苦，离瞋恼故，随顺修行羼提波罗蜜；以知法性无身心相，离懈怠故，随顺修行毗梨耶波罗蜜；以知法性常定，体无乱故，随顺修行禅波罗蜜；以知法性体明，离无明故，随顺修行般若波罗蜜。"（T32n1666.0580）

无疑，《起信论》别立五门，正是在针对根器浅陋初学大乘的众生的意义上说的，这与六波罗蜜多的殊胜是有着很大的差别，六波罗蜜多更多是在证德的意义上说。[50]本论不称禅定与般若，而合称为"止观门"，是重于初修。

> "云何修行止观门？所言止者，谓止一切境界相，随顺奢摩他观义故。所言观者，谓分别因缘生灭相，随顺毗钵舍那观义故。云何随顺？以此二义，渐渐修习不相舍离，双现前故。"（T32n1666.0582）

"止"，奢摩他（śamatha），是使心凝于一境不至散乱驰求，即"止一切境界相"；"观"，毗钵舍那（vipaśyanā），是思考、辨析、推求、抉择，即"分别因缘生灭相"。印顺法师认为，本论的止观是初方便，偏重于止，是不了义的，当然也是为初修方便的缘故。[51]

---

49 Whalen Lai, "*The Awakening of Faith in Mahayana*", p. 242.

50 参考印顺：《大乘起信论讲记》，页 356-357。

51 同上，页 368。

（一）修"止"

本论所讲修止的方法，不是通常论初修方法的三度门（不净观、数息观、六界观），而是胜义禅，在本论中名为真如三昧。因为传统的三度门都是取相的定境，有相可得，如取着此等境界而修止，则不能与无所住的真如相应。不但除所起的境相，亦遣除能取的分别（想），背后的理论根据则是"一切法本来无相"，依心真如而修止，则为随顺真如门。[52]按以上方法长久修习，渐渐淳熟，此心即得安住，心安住而可得定力"渐渐猛利"，如此即可得入正定（真如三昧）。"深伏烦恼"，使烦恼不再现起，"信心增长，速成不退"，即是已经到达真发菩提心，亦即初发心住位。[53]论曰：

> "若修止者，住于静处端坐正意，不依气息、不依形色、不依于空、不依地水火风，乃至不依见闻觉知。一切诸想，随念皆除，亦遣除想，以一切法本来无相，念念不生、念念不灭，亦不得随心外念境界，后以心除心。心若驰散，即当摄来住于正念。是正念者，当知唯心，无外境界。即复此心亦无自相，念念不可得，若从坐起，去来进止，有所施作，于一切时常念方便，随顺观察，久习淳熟，其心得住。以心住故，渐渐猛利，随顺得入真如三昧，深伏烦恼，信心增长，速成不退。唯除疑惑、不信、诽谤、重罪、业障、我慢、懈怠，如是等人所不能入。

> 复次，依如是三昧故，则知法界一相。谓一切诸佛法身与众生身平等无二，即名一行三昧。当知真如是三昧根本，若人修行，渐渐能生无量三昧。"（T32n1666.0582）

下文专门辨析和批判了世间"不离见爱我慢之心"、"贪着名利恭敬"的邪三昧。以明真如三昧不依一切境界相，"不住见相，不住得相"之正三昧的殊胜。修止的最后部分，举例说明修习真如三昧的利益，以引生初学者的兴趣：

> "真如三昧者，不住见相、不住得相，乃至出定亦无懈慢，所有烦恼渐渐微薄。若诸凡夫不习此三昧法，得入如来种性，无有是处。以修世间诸禅三昧，多起味着，依于我见，系属三界，与外道共。若离善知识所护，则起外道见故。

---

52 同上，页 371-375。
53 同上，页 376-377。

复次，精勤专心修学此三昧者，现世当得十种利益。云何为十？一者、常为十方诸佛菩萨之所护念。二者、不为诸魔恶鬼所能恐怖。三者、不为九十五种外道鬼神之所惑乱。四者、远离诽谤甚深之法重罪，业障渐渐微薄。五者、灭一切疑诸恶觉观。六者、于如来境界信得增长。七者、远离忧悔，于生死中勇猛不怯。八者、其心柔和，舍于憍慢，不为他人所恼。九者、虽未得定，于一切时一切境界处，则能减损烦恼、不乐世间。十者、若得三昧，不为外缘一切音声之所惊动。"（T32n1666.0582）

（二）修"观"

本论讲修观，先明"唯修于止"会带来的弊端，即"心沉没"，心力昏沉、闇昧，继而起了懈怠，不再乐修众善，远离大悲心，就失掉了大乘的精神，因而修观。修习止观，应使心安宁明净不昏沉亦不掉举，掉举即散乱，唯修止容易消沉不再乐念大乘功德，唯修观则容易思虑散漫。[54]

"复次，若人唯修于止，则心沉没或起懈怠，不乐众善、远离大悲，是故修观。（T32n1666.0582）

本论所讲的修观，是与声闻乘共的"四念处观"。[55]一、无常观。观世间一切有为法都是刹那生灭变坏的。二、苦观。观一切心行（相当于五蕴中受想行识等一切精神活动），皆是念念生灭，是无常的，无常故苦，这乃是《阿含经》常有的观法。三、无我观。过去、现在、未来诸法皆是起没无常，如梦如云如电，由此而明法无我，即诸法无自性。四、不净观。观世间一切有"身"都是不净的，皆种种污秽聚集，无一可乐。此是别观，若自总观而言，一切身、受、心、法都是无常、苦、空、不净。[56]

"修习观者，当观一切世间有为之法，无得久停须臾变坏，一切心行念念生灭，以是故苦。应观过去所念诸法恍惚如梦，应观现在所念诸法犹如电光，应观未来所念诸法犹如于云忽尔而起，应观世间一切有身悉皆不净，种种秽污无一可乐。"（T32n1666.0582）

---

54 同上，页392。
55 同上，页393。
56 同上，页393-395。

印顺法师认为，本论由此四念处观引发大悲大愿是非常奇特的，因为声闻都是修四念处的，但都倾向于厌生死、证涅槃。[57]但本论却由四念处观而"念一切众生，从无始世来，皆因无明熏习"，受无量苦逼，难舍难离，不能觉知，甚为可愍，因之起大悲心，誓愿度脱一切众生苦，盖因大乘根性之不同。由四念处观发大悲心，由大悲心立大愿，由大愿而勤修善行，利益众生。由此助成真如三昧，不但了脱自己的生死，且能趣入普救一切众生的佛道。[58]

> 如是当念："一切众生从无始世来，皆因无明所熏习故，令心生灭，已受一切身心大苦。现在即有无量逼迫，未来所苦亦无分齐，难舍难离，而不觉知。众生如是，甚为可愍。"作此思惟，即应勇猛立大誓愿："愿令我心离分别故，遍于十方修行一切诸善功德，尽其未来，以无量方便救拔一切苦恼众生，令得涅槃第一义乐。"以起如是愿故，于一切时、一切处，所有众善，随己堪能不舍修学，心无懈怠。"（T32n1666.0582）

按大乘通义，念一切法自性不生，是胜义观；念因缘业报不失，是世俗观；此二谛无碍即中观。但本论对此的解释则比较特别，以胜义观为止修，以世俗观为观修，以此二谛观为止观双运。除坐时专念于止，行、住、卧、起都应止观俱行，即是本论以止修为本的特色。意在强调修行是要在一切境界中都能使心安住于正道，修行应与日常生活相应，否则空坐静守即成无用。[59]

> "唯除坐时专念于止，若余一切，悉当观察应作不应作。若行若住、若卧若起，皆应止观俱行。所谓虽念诸法自性不生，而复即念因缘和合善恶之业，苦乐等报不失不坏；虽念因缘善恶业报，而亦即念性不可得。（T32n1666.0582）

次在修止为本的基础上说明止观俱修的必要，因为二者的互相助成有着重要的意义。凡夫有二病：恋着世间、不修善根。修止对治其对世间五欲的恋着，修观则使其知善恶业报的必然性，生起修习善根的心行；二乘亦有二病：怯弱见、不起大悲心。修止使其了知三界本来寂灭，对治其怖畏生死之心；二乘心性狭劣，没有利他之心，修观则使其知一切众生都在生死苦痛之

---

57 同上，页395。
58 同上，页397。
59 同上，页398-399。

中，自己要出离生死，众生亦要出离生死，由此生起救渡众生的悲心。止观双运修习，即能使修行者出离此等病患，趣入菩提正道，住佛种性。[60]

> 若修止者，对治凡夫住着世间，能舍二乘怯弱之见。若修观者，对治二乘不起大悲狭劣心过，远离凡夫不修善根。以此义故，是止观二门，共相助成，不相舍离。若止观不具，则无能入菩提之道。"
> （T32n1666.0582）

讲完此五门的修行之后，《起信论》阐明了其独具特色的念佛往生来结束"修行信心分"：

> "复次，众生初学是法，欲求正信，其心怯弱。以住于此娑婆世界，自畏不能常值诸佛、亲承供养。惧谓信心难可成就，意欲退者，当知如来有胜方便，摄护信心。谓以专意念佛因缘，随愿得生他方佛土，常见于佛，永离恶道。如修多罗说，若人专念西方极乐世界阿弥陀佛，所修善根回向愿求生彼世界，即得往生。常见佛故，终无有退。若观彼佛真如法身，常勤修习，毕竟得生，住正定故。"
> （T32n1666.0583）

按印顺法师的讲法，这里的念佛法门也是一种止门，以一净念而绝一切染念。[61]此念佛法门是随顺怯弱忧虑的众生而开的方便法门，生命苦短、正法难闻，"信心难可成就"，修习中又不知要经百千万劫流转生死，这难免使初学者视大乘法为畏途，"意欲退"。所以本论别开此一特殊方便，为"摄护信心"不使退失，使发心修习者常怀信与望。而由本论不厌其烦的详述修行论可见，在此信仰中人的努力起着重要的积极作用，因此这里的念佛法门并不是否定人的行为在求道中的作用，而是以"他力救渡"作为对希望的摄护。

《起信论》亦在最末"劝修利益分"一章中表达了"不信者会遭惩罚"的观念：

> "其有众生，于此论中毁谤不信，所获罪报，经无量劫受大苦恼。是故众生但应仰信，不应诽谤，以深自害，亦害他人，断绝一切三宝之种，以一切如来皆依此法得涅槃故，一切菩萨因之修行入佛智故。"（T32n1666.0583）

毁谤大乘，害人害己，断绝三宝之种，其罪愆深重，不可不慎。

---

60 同上，页400。
61 同上，页369。

《起信论》"修行止观"的宗教实践成为了后代佛学发展的重要主题。华严初祖杜顺所著《华严五教止观》即吸取了《起信论》止观不二的学说，主张"止观双行，悲智相导"，以"不住空之悲"来"恒随有以摄生"。[62]而法藏的修持方法则是继承杜顺，在其晚年著作《修华严奥旨妄尽还源观》中讲："止观两门，共相成助，不相舍离。若不修止观，无由得入菩提之路。"《起信论》云：若有众生，能观无念者，是名入真如门也，言五止者……照法清虚离缘止，……正证之时，因缘俱离。"此是以《起信论》之"无念"来讲修习"离缘止"。[63]

五、结语

"人人皆有佛性"，"一阐提亦能成佛"的主张如果不加反思、浅薄理解，是会有走向空疏的流弊，会有类似阳明后学见"满街都是圣人"的盲目乐观，使人袖手谈心性而忽略修行，但《起信论》所设定的"唯佛穷了"即是一种预防[64]。一方面，对于究竟成佛，理论上是有肯定的保证；但另一方面，对于修行之难的强调，其实就已经做了这样的平抑——初发心菩萨"经一万劫"方能"信心成就"，"一切菩萨皆经三阿僧祇劫"而成佛。[65]

从这个意义上说，"唯佛穷了"并不像某些诠释者所批评的那样，是《起信论》的短板，是为了掩盖其逻辑破绽而搬出信仰权威，[66]而无疑是对理性有限性的认知。这样的限制在中国佛学中不是没有，只是隐而不显，比如天台学虽亦有"无明即法性"之说，但"以当下之无明绝非法性予以限制，认识

---

62 龚隽：《大乘起信论与佛学中国化》，页154。

63 同上。

64 "是心从本以来，自性清净而有无明，为无明所染，有其染心；虽有染心，而常恒不变；是故此义唯佛能知。"

65 丁福保《佛学大辞典》："三阿僧祇劫：（术语）菩萨成佛之年时也。阿僧祇劫（Asamkhyeyakalpa）者，译言无数长时，菩萨之阶位有五十位。以之区别为三期之无数长时。十信十住十行十回向之四十位，为第一阿僧祇劫，十地之中，自初地至第七地，为第二阿僧祇劫，自八地至十地为第三阿僧祇劫。第十地卒。即佛果也。起信论曰：「而实菩萨种性根等，发心则等，所证亦等。此有超过之法，以一切菩萨皆经三阿僧祇劫故。」劫有大中小三者，此劫为大劫，故日三大阿僧祇劫。此三大劫中释迦佛值遇于数万之佛。"

66 潘桂明持此说，见：《中国佛教思想史稿·第一卷 汉魏两晋南北朝卷（下）》，页512。

到悟道主体与所悟之道存在距离"。[67]另一方面，大乘佛学以"生死即涅槃"为最圆满境界，这一动态的涅槃观指向的是无碍自在地出入于涅槃与轮回，普渡众生。[68]又如地藏信仰中"地狱不空，誓不成佛，众生度尽，方证菩提"之宏愿。如此，从修行的角度看，先成佛再普渡众生与度尽众生再成佛本质上都是永恒的道路。

通过以上的考察可知，《起信论》以超越一切法又内在一切法的如来藏心为本体论，以"觉"知并证得自身本有的如来藏心为拯救论，以朝向大乘菩提道为终极目的、"止观双运"的修行观，构成了颇有特色而又高度凝练和系统化的大乘佛法之总括。接下来，本文将首先从沟通宗教和文明对话的角度，对二位先驱——铃木大拙与李提摩太对《起信论》的翻译与解读做一细致的回顾，以考察他们以《起信论》为媒介的文化融通之道是否可行？在这样的会通之中，是否能保持佛学本身的特色？若确有误导、误解与歪曲，这些工作是否因此变得毫无价值？从二者的译介中，我们又能得到何种启发？

---

67 潘桂明：《中国佛教思想史稿·第一卷 汉魏两晋南北朝卷（上）》，"作者的话"，页 12。

68 参考 Masao Abe, *"Faith and Self-Awakening: A Search for the Fundamental Category Covering All Religious Life,"* in Masao Abe, *Zen and the Modern World: A Third Sequel to Zen and Western Thought* (Honolulu: University of Hawai'i Press, 2003), pp. 36-47.

第三章 铃木大拙与《起信论》

一、导言

关于铃木大拙的译本，龚隽在〈铃木大拙与东亚大乘观念的确立——从英译《大乘起信论》（1900年）到《大乘佛教纲要》（1907年）〉一文中对其历史背景，写作动机等方面进行了准确而精到的论述。该文主要观点如下：1、铃木向西方介绍的大乘佛学与禅学都在有意识的传授和强化东亚文明价值的优越性，其中涵摄着日本民族主义的情绪；2、铃木受卡洛斯（Paul Carus）"科学的宗教"（The Religion of Science）观念影响甚深，把大乘佛教塑造成理性的、经验的、科学的宗教之代表，并大量引述德国近代哲学中的观念来诠释《起信论》的思想，因为在当时日本开放的知识学人心中，西方近代哲学而非宗教才是思想进步的标志，能用西方哲学的观念来会通佛学，恰好体现出佛教在思想上优于其他宗教。3、铃木为了反击东方学家对佛教思想为虚无主义的诠释，特意选择了具有实体论色彩、并且赅括大乘共法的《起信论》作为代表性论典首先向西方传译，以此为东亚大乘佛教正名，并有意将"普世佛教"的理想纳入考虑。而这一切背后都反映着东亚与西方文明的较量。

此文论述虽可说是言之凿凿，但却是笼统地在历史与社会政治的脉络下，就铃木的大乘佛学思想进行思想史的界定，关于铃木在翻译中为《大乘起信论》设定的主题有何等价值，关于此次翻译是否能为文化交流或宗教对话提供某种启发，则尚有值得探究之处。

二、《起信》三论

如前所述，铃木为《起信论》所确定的三大主题是真如观（the conception of suchness / Bhūtatathatā ）、佛三身论（the theory of triple personality ）、因信得救（the salvation by faith or the Sukhāvati doctrine ）。[1]我们有理由推测，这是有意相应于基督教神学的上帝论、三一论、因信称义来做的对照。他说，这三个要点最为显著地将马鸣之论与小乘各派区别开来。

这样的组织，是为了反击当时的佛教研究权威贝尔（Samuel Beal）的看法，贝尔在其《佛教在中国》（Buddhism in China ）一书中说，马鸣的作品带有一种伪基督教的痕迹，而其《起信论》一书则明显是基于一种对佛教来说非常异质的、一种堕落形式的基督教教义而作。[2]铃木认为，这样的判断显示贝尔对这些主题有多么无知。铃木要展示的是，这些主题表面上与基督教教义有一定的相似性，但它却实实在在是纯正的佛教传统。他在序言中是这样阐述这三个主题的：

1、真如的观念有另一个名字，即如来藏，如来藏是在包含一切可能之善与含藏识（阿赖耶识）的意义上来说的，如来藏是一切缘起法的原则，在《楞伽经》、《胜鬘经》等早期经典中就有阐述。"真如"的绝对方面预示了中观派"空"的哲学的产生。不论龙树是否如传说所言是马鸣的弟子，但其哲学系统深受马鸣影响是极有可能的。

2、三身论是大乘佛教最鲜明的特点，这一思想似乎由马鸣首创。泛神论的真如观，宗教意识中对无限慈悲与无限智慧具体化的永恒需求，以及校准我们道德与物理世界的关于因果律的科学观念（即业报论），这三者的联合作业在马鸣的三身论中达到顶峰。

3、作为日本真宗与净土宗教义基础的"因信得救论"（或信仰解脱论）也首先出现于此论。如果《起信论》中所引的相关文句是源自《无量寿经》，那我们可以假定，在佛涅槃后的前四个世纪中已经出现了对佛陀教导的各种各样的自由解释，其中掺杂着印度其他的宗教与哲学思想，逐渐在大小乘各宗中获得了完全的发展。[3]

---

1 D.T. Suzuki (tr.), *Asvaghosha's Discourse On the Awakening of Faith In the Mahayana*, pp. 43-45.

2 转引自上书 p. 42.

3 D.T. Suzuki (tr.), *Asvaghosha's Discourse On the Awakening of Faith In the Mahayana*, pp. 43-45.

他说，此论是首次系统论述大乘佛教基本思想，在对大乘各学派进行权威总结方面有着至高的重要性，为研究佛教教义史者所不能绕开，但是迄今无人从事译介工作，所以他提供了这个英译。[4]且依铃木所确立的主题，我们来检视他的翻译。

（一）真如论

铃木是直接将真如译为"suchness"，Dwight Goddard 早在 1933 年就提出了批评[5]，他认为，"suchness"一词在英文中是个很古怪的词，字面上意为"是那样，就是那样"，对于未曾接触佛教的人而言这个词并无任何明确的意义，既不能澄清思想，又不能带来确信，徒增困惑耳。他遂以"Essence of Mind"译之，与法身（他译为 the body or principle of Truth）所指相同，都是指向"终极实在"的实体方面，当讲到阿赖耶识含藏智慧的一面时，也与"Essence of Mind"为同义词。[6]

考"真如"（Bhūta-tathatā）一词，可追溯至印度原始佛教的"心解脱"思想。此说注意到心与烦恼的关系问题，提出心可以解脱烦恼的"心性本净"说，《阿含经》中最早成立的《杂阿含经》即有解说。此说，中心与烦恼构成主客关系，烦恼是外在的、偶然的、可涤除的，所以称为"客尘烦恼"。而心是自性清净光明，体虽净而可呈染相，心一旦离染，体、相皆净。此中也暗示了凡圣之间心性的同一性。

至初期大乘佛教般若经系及根本中观派思想，取"反实有主义"立场，偏重谈"空"（śūnya），一切法由自性空而称清净，"心性本净"由原来讲心与烦恼不相应转谈心自性空，标志着一种诠释转向。在此阶段，空相作为一切法的实相，又被称为法性、真如、法界、实际、自性涅槃等。在随后的发展中，空相等由遮诠义转变为表诠义，被作为超越性实有。即空相、法界、真如、法性等异名一义，都用来表达一切法的作为超越性实有的实性，表现出如来藏思想最初的形态。亦即，真如法性所指，乃是一切法所共有，凡圣平

---

4 Ibid., p. 45.

5 Dwight Goddard 在 1933 年出版了 *The Principle and Practice of Mahayana Buddhism: An Interpretation of Professor Suzuki's Translation of Ashvaghosha's Awakening of Faith*，该书其实是一种比较自由的重译，意在解释《起信论》之大意，因为他认为铃木的翻译对于西方读者，尤其是初接触佛教的人而言仍然是过于艰深。

6 Ibid., "introduction", p. xxii.

等共具的万法一如的实性。此真如法性，具有实存与恒常性，相对于差别性、变化性的万法而言，具有逻辑先在性，因而被视为一切法之根本、一切法之所依（āśraya）。

此实存、恒常之真如法性与佛性联系起来，保证佛性的恒常如一、贯穿凡圣。所谓在佛果位即为佛体性，在凡夫因位即为因佛性，即成为一切众生本具佛的智慧德相的观念，即是如来藏（tathāgata-garbha）。对这一观念的论说主要见于《如来藏经》、《央掘摩罗经》、《大法鼓经》、《胜鬘经》、《不增不减经》、《无上依经》等经典。此类经典认为如来藏作为真如法界，是一切法之所依，本具如来一切净法，在凡夫位而为杂染法所覆蔽，在佛位去除杂染客尘即是光明法身。这一阶段的如来藏概念由譬喻而发展为法性（法界、真如）说，带有明显的梵化色彩。表现在断言佛性如来藏是真我，以及佛性如来藏是了义说。

在瑜伽行派思想兴起以后，如来藏思想与唯心思想结合起来，从早期如来藏思想的以一切法共有之"法性真如"为如来藏，转以唯心意义上的"心性真如"为如来藏，此即真谛所传旧唯识学。其主要经典为《大乘庄严经论》、《究竟一乘宝性论》、《佛性论》等。《楞伽经》、《密严经》等更将唯识学的缘起说引入其中，以有为法熏习所成的习气种子为亲因、以心性如来藏为根本因而缘起万法，构成如来藏思想的缘起说。此一阶段通过强调心性如来藏为无我之空性而非实体，淡化了如来藏思想的梵化色彩。

之后，如来藏学在印度再无重大发展，却在传至中土以后通过"本觉说"、"真如缘起说"的发挥，以及"一心二门"的理论架构，成为结构严密、论说精致的中国如来藏学。此一阶段是如来藏思想发展的最高与终结，亦是梵化色彩最浓的阶段。[7]

综上可知，"真如"一名原不过是假名，指遍布于宇宙中真实之本体，为一切万有之根源。真者，真实不虚妄；如者，不变其性。始为一超越性的、形而上学的指称，其梵化色彩经历增强、淡化，至中国化如来藏思想发展而达至梵化意味最强的阶段。

虽然此中"真如"有"梵我论"的嫌疑，但究极而言，《起信论》的真如缘起是以真如为诸法缘起的内在依据，可称根本因，但绝非基体生发性质的

---

7 以上对如来藏思想的溯源，参考周贵华：《唯识、心性与如来藏》（北京：宗教文化出版社，2006 年），页 105-109。

直接因、亲因。亦即，它并未违背印度如来藏学说以真如为一切现象法之"依（niśraya）""持（ādhāra）"等含义。[8]

"梵我论（ātman-vāda）"要义有二：一，从本体论上讲，"我"是一切事物的超越性本质、本体，是唯一真实的、恒常的、独立存在之实体；二，从发生论上讲，"我"是一切现象生起的唯一因（一元发生因）。而如来藏思想作为大乘佛教之一流，首先承认人法二无我为根本教义，即否定造作者之存在与独立恒存之实体。以二无我而显真如法性，如来藏诸经论所说之"我""大我"，乃是空无我所显之性，此真如法性是一切现象法之所依，不能独立于一切法，即与一切法是不一不异的关系。[9]综上而言，若要避免梵我论的指责，当取如来藏说是为导引恐惧无我之"我执炽盛"者入佛道而作的方便说法。

回到对"真如"的译名问题，Goddard 的译法只涉及其一方面的性质，倒不如铃木的无所指来得高明，更能表达"言说中极，以言遣言"的效果。所以羽毛田义人 60 年代的译本中沿袭铃木译为 suchness，[10]此译名亦为后来者沿用。

至于真如的实体论色彩问题，铃木的翻译也并没有刻意曲解，例如"一切世间诸杂染法，皆依如来藏起"，译作"that even all impure and defiled things in the world are produced through the tathagata's womb."[11]这里的翻译较为恰当地表达了如来藏作为"依持"（through），而非发生因（not by）的性质。

（二）三身论

关于《起信论》中"法身、报身、应身"的"佛三身论"（trikaya），铃木以"the theory of the triple personality"来翻译。[12]

在他 1907 年出版的英文著作《大乘佛学纲要》中，也在第十章专门论述了这个主题，此处他更直接地用了"佛教三一论"（Buddhist Theory of Trinity）的副标题来解释三身论。他写到：

---

8 参考周贵华：《唯识、心性与如来藏》，页 123-127。

9 同上，页 128-129。

10 Yoshito Hakeda (tr.), *The Awakening of Faith: Attributed to Asvaghosha* (New York: Columbia University Press, 1967).

11 D.T. Suzuki (tr.), *Asvaghosha's Discourse On the Awakening of Faith In the Mahayana*, p. 109.

12 Ibid., pp. 43-45.

"佛教徒是如何使肉身的佛陀隐退，并引入一个神秘的威严的超自然的存在来代替他的位置？"这个问题标志着大乘佛教的兴起，并带来了三身论的教义，——这在某种意义上相应于基督教的三一论。" [13]

他在这里把与"三一论"相应的"三身论"之出现，看做大乘佛教兴起的标志。这里在历史与教义上的混淆可能由于他直接将马鸣菩萨认作《大乘起信论》的作者。马鸣（Aśvaghoṣa），约生于公元 110 年前后，被认为促成了大乘佛教的兴起与发展。但根据现代辨伪所达成的共识，《起信论》可能从来就没有梵本，而是在公元六世纪左右才出现在中国。《起信论》中的"法身、报身、应身（或化身）"三身说，"乃是从北地诸经论采取三身名称，又从南方摄论系采取三身涵义而形成的折衷说。" [14]

关于"三身说"最早的论述大概出现于《大乘庄严经论》，此经据称是印度唯识学创始人无著夜升兜率天从弥勒菩萨亲受的。《起信论》有意融合瑜伽行派与中观派等各派学说给予系统论述，因此，三身论出现在其中不足为奇。 [15] 在大乘佛学中，法身（dharmakāya）是佛所证得的究竟涅槃，通常即真如、实相、涅槃的异称。法身不生不灭，无相无不相，为一切法平等实性，是诸佛及众生各个皆有的法体。铃木称为"存有的终极基础（ultimate foundation of existence）、绝对的在（the Absolute）" [16]；化身（梵文 nirmānakāya，又称应佛、应身佛、应化身、应化法身），是佛为教化众生，应众生之根机而变化显现之色身；报身（梵文：sambhogakāya），又称受用身，是指以法身为因，经过修行而获得佛果位之身。报身佛是证得绝对真理、获得佛果、显示佛智能的佛身。

铃木专门纠正了西方学界对"法身"的误解，他说，法身说是大乘佛学系统的核心概念，大多数西方佛教学者将它翻译成佛法的人格或身体，但这只在原始佛教和南传佛教中适用。因为在佛入涅槃之后，弟子们把老师的教义人格化作为唯一的精神领袖是很自然的事情。但在随后的发展过程中，法身有了完全不同的意义，不再单单表示人格化的教义，而且是单独的客体、理念、实体，或者，在最广泛的意义上说，是普遍的存在。因而法身是存有

13 D.T.Suzuki, *Outlines of Mahayana Buddhism*, p. 245.

14 傅伟勋，《〈大乘起信论〉义理新探》，页 123。

15 同上。

16 D.T. Suzuki (tr.), *Asvaghosha's Discourse On the Awakening of Faith In the Mahayana*, p. 62, fn. 1.

的终极基础，是消弭差别的"绝对"。这一客观的"绝对在"在大乘中被理想化了，在其中能知与所知合一，因为存在的本质是般若智慧。[17]法身即真如本身，超越时空与因缘的限制。[18]

铃木所做的这种"对号入座"式直接比附在某种程度上可能会帮助西方读者理解三身论，但也可能引起混淆与误会。比如，这容易将"法身"或"真如"解释成一种绝对的实体，似乎变成了某种超越的神，而这与佛教缘起性空的基本教义无疑是违背的。这种比较或对话难逃佛雷（Bernard Faure）所谓"随意与东拉西扯的"指责。[19]其中关键问题在于，真如非实体，而"三身"也并不与"三一"的三个位格一一对应。

不过，我们将在后文看到，这一想法却可能启发了当代宗教对话的新思路，弗里德里希（James L. Fredericks）曾以净土真宗为参照，提出了对基督教三一论的重新诠释[20]，他提出，与佛教的对话使他认识到，由希腊哲学传统而来的实体主义的形而上学大大地损害了三一论的教义。而净土真宗通过三身论，解决了阿弥陀佛信仰与大乘佛学对终极实在的无神论理解之间的矛盾。三一论要调和经世中的圣父圣子圣灵、犹太一神教的需要、以及新柏拉图主义的形而上学之间的张力，真宗的经验很有参考价值。他利用法身与报身、化身之间的关系提供了一种理解神性与三个位格之间关系的模型。

（三）信仰论

Goddard 还提出，"The Awakening of Faith in The Mahayana"也不是一个恰当的译名。"起信"一词还原成梵文是"śraddhotpada"，由 śraddhā 与 utpada 二词组合而来。Śraddhā（信）包含着一种持续的证信过程，而 faith 则是接受并相信难以证实之事；utpada（起）也有持续增长之意，而 awakening 是一瞬的，在佛教语境下则似乎含有顿悟之意，utpada 则包含着相信、渴求、直至实现的全过程。"起信"一词展现了整个佛教的基础性格，即终极实在的自我实现。而相比之下，基督教则是一种由他者启示与控制的未来状态的信仰。[21]

17　Ibid.
18　Ibid., p. 67, fn. 3.
19　Bernard Faure, *Chan Insights and Oversights: An Epistemological Critique of the Chan Tradition* (Princeton: Princeton University Press, 1993), pp. 52-88.
20　James L. Fredericks, "Primordial Vow: reflections on the Holy Trinity in light of dialogue with Pure Land Buddhism," in *The Cambridge Companion to The Trinity*, edited by Peter C. Phan (Cambridge University Press, 2011), pp. 325-343.
21　Dwight Goddard, *The Principle and Practice of Mahayana Buddhism*, "Introduction", p. xx.

唐译本《起信论》"作因"第七曰："为令众生于大乘法如理思维，得生佛前，究竟不退大乘信故"（T32n1667.0584），铃木认为，这一段话应该源自净土经，如《阿弥陀经》《无量寿经》等，这段话以及《起信论》文末的净土系思想证明净土经须早于马鸣一、二百年产生，否则不可能作为可信的佛说而被马鸣引用。[22]铃木对《起信论》中"信仰解脱论"的强调，虽是有意应和基督教"因信称义"的教义来显示大乘佛教的不落人后，倒也不妨说恰当地抓住了《起信论》"欲使群生殖不坏之信根，下难思之佛种"[23]的苦心。

铃木反复渲染《起信论》中所展现的净土思想，还有一重要作用，即"证明"大小乘佛教应是同时出现，来说明大乘的正统性与合法性。《起信论》"修习信分"章末有云："如经中说，若善男子善女人，专念西方极乐世界阿弥陀佛，以诸善根回向愿生，决定得生。常见彼佛，信心增长，永不退转。于彼闻法，观佛法身，渐次修行，得入正位。（T32n1667.0591）"他说，因为上述句子在净土系经典（如"大小阿弥陀经"，"观无量寿佛经"等）中十分常见，而这些净土经书正是在马鸣菩萨生活的时代（即公元前后一世纪左右）作为佛陀的亲身教说出现，所以应当承认，大乘系统是在佛教早期发展的过程中出现的，更确切的说是与巴利学者们所认为的更原始的小乘佛教同时出现。[24]

当然，这也是在认定马鸣菩萨为《起信论》之作者的基础上得出的推论。我们很容易想到，这一例子恰好可以证明相反的结论，那就是《起信论》乃中土伪作，其出现正是净土信仰渐次流行之时。如学者曾论，公元五、六世纪之间，随着《观无量寿佛经》、《无量寿经》等相次译出，有关阿弥陀佛之疑伪经（如《随愿往生十方净土经》、《占察善恶业报经》等[25]）相继而出，"由伪经相继而出的事实，可知乃是净土信仰受到一般重视的结果。"[26]

22　D.T. Suzuki (tr.), *Asvaghosha's Discourse On the Awakening of Faith In the Mahayana*, p. 50, fn. 3.

23　《新译大乘起信论序》，CBETA，大正新修大藏经，Vol. 32, No. 1667.

24　D.T. Suzuki (tr.), *Asvaghosha's Discourse On the Awakening of Faith In the Mahayana*, pp. 145-146, fn. 2.

25　有关《占察经》与《大乘起信论》之密切关系，详参黎惠伦 (Whalen Lai), "The Chan-ch'a ching: Religion and Magic in Medieval China", in *Chinese Buddhist Apocrypha* (Honolulu: University of Hawaii Press, 1990), pp. 175-206.

26　望月信亨作，释印海译：《中国净土教理史》（台北：慧日讲堂，中华民国 63 年），页 34。

三、铃木大拙的诉求

（一）"洋格义"

在佛法东传的过程中，"格义"指的是中土以玄学比附佛学，使佛学容易理解并便广传的一种方法。韦政通指出，它不仅是外来文化求取生存之道，也是获得新生的必要步骤。[27]我们可以看到，在《起信论》的翻译方法上，铃木大拙也用了类似的比附方法，姑名之曰"洋格义"。

铃木提出，翻译者应该同时具备大乘佛教和西方哲学的知识才有能力从事这样的工作。[28]亦即，大乘佛教的英译，可以藉助西方哲学的概念进行格义。学者曾论，在当时的日本学者看来，能用近代西方哲学的观念来会通佛学经典，恰恰体现了佛教比其他宗教进步的方面。[29]而能与基督教相关概念会通，更可表明大乘佛教作为合法宗教的性质。

铃木对《起信论》许多观念的解释就是采用西方哲学，尤其是近代德国哲学的概念来会通的。例如，他将《起信论》的基本架构，即体、相、用三大概念用斯宾诺莎哲学中的实体（substance）、属性(attributes)、样式(modes)来分别模拟，而将其译为 quintessence, attributes, activity，认为如此架构与前者有着惊人的相似。[30]

如《起信论》"心生灭门"有云："复次本觉随染，分别生二种差别相：一净智相（pure wisdom [prajñā]），二不思议用相（incomprehensible activity [karma]）[31]。"铃木注曰："觉有两种品质，一者智（wisdom），二者悲（love / action），这与基督教的上帝概念惊人的相似，上帝被认为满有无限的爱与智慧。"[32]

他以"无明业相（ignorant action）"与叔本华"盲目的意志(blind will)"做比较，认为"不觉"即可翻译为"blind"。并认为歌德的《浮士德》中："太

27　韦政通：《中国思想史》（上海：上海书店出版社，2003 年），页 499-501。

28　D.T. Suzuki (tr.), *Asvaghosha's Discourse On the Awakening of Faith In the Mahayana*, pp. XⅢ, XⅣ.

29　见龚隽：〈铃木大拙与东亚大乘观念的确立〉，页 97。

30　D.T. Suzuki (tr.), *Asvaghosha's Discourse On the Awakening of Faith In the Mahayana*, p. 53, fn. 3.

31　括号中为铃木大拙之英译。

32　D.T. Suzuki (tr.), *Asvaghosha's Discourse On the Awakening of Faith In the Mahayana*, p. 66, fn. 4.

初有为（Im Anfang war die Tat）"，即是太初有业；始于不觉状态的业是无明
与盲目的，尚未意识到获得究竟觉、发现本觉才是其目标。[33]

以有虚妄境界为缘而生六种相，第四曰"执名等相，谓依执着分别名等
诸安立相。（T32n1667.0585）"铃木说，此处又展现出了与西方哲学奇异的一
致，唯名论认为名称只是概念符号，而康德认为物自体是无法被人认识的。
执着名相是基于将名相当实体或物自身的形而上学的错误，这显示了佛教唯
名论的一面。另一方面，对真如（Carus 称为纯形式）的着重强调展现了佛教
唯实论的一面。[34]

"是故三界一切皆以心为自性。"（Therefore the three domains (triloka) are
nothing but the self-manifestation of the mind [i. e., ālaya-vijñāna which is
practically identical with suchness, bhūtatathatā].）心或阿赖耶识即真如用，也
可称为宇宙的理性原则。它不仅以人的理性来展现，也作为存在的个别形式
之决定因展现。[35]

"离心则无六尘境界，何以故？一切诸法以心为主，从妄念起。凡所分
别，皆分别自心。心不见心，无相可得。是故当知，一切世间境界之相，皆
依众生无明妄念而得建立，如镜中像无体可得。（T32n1667.0585）"铃木认为，
此处可比较叔本华"作为表象的世界"。[36]

"言意识者，谓一切凡夫依相续识执我我所。种种妄取，六种境界。亦
名分离识，亦名分别事识，以依见爱等熏而增长故，无始无明熏所起识。非
诸凡夫二乘智慧之所能知，解行地菩萨始学观察，法身菩萨能少分知，至究
竟地犹未知尽。唯有如来能总明了。（T32n1667.0585）"铃木注释说，《胜鬘
经》与《楞伽经》中表达了同样的意思。真如的甚深难测，本性净而能随染
的秘密只有彻底觉悟的心灵能理解。借斯宾塞（Herbert Spencer）《第一原则》
中的讲法来解："每一宗教都以对神秘的肯定始，继之以对此神秘的解答，并
肯定其并非神秘而只是超出了人类的理解力。但是考察他们各自的解决方案
却无一例外是失效的。对每一可能的假设之分析证明这些假设都是不成立和
匪夷所思的。因此所有宗教所认识的神秘就成了远超他们的假设的超验性的

---

33 Ibid., p. 71, fn. 2.
34 Ibid., p. 73, fn. 1.
35 Ibid., p. 77, fn. 2.
36 Ibid., p. 77, fn. 3.

神秘——不是相对的神秘，而是绝对的神秘。"真如与无明的难解关系就是斯宾塞说的这种神秘，马鸣的解答是唯佛能了。[37]

铃木认为，《起信论》中"以如是大方便智，灭无始无明，证本法身。任运起于不思议业，种种自在差别作用，周遍法界，与真如等，而亦无有用相可得。（T32n1667.0587）"这段话表达了宗教生活的本质与诗歌和艺术相同的思想，非常接近康德《判断力批判》中所讲的：

"就是说，想象力（作为生产性的认识能力）在从现实自然提供给它的材料中仿佛创造出另一个自然这方面是极为强大的。当经验对我们显得太平常的时候，我们就和大自然交谈；但我们也可以改造自然：虽然仍然总还是按照类比的法则，但毕竟也按照在理性中比这更高层次的原则（这些原则对我们来说，正如知性按照着来把握经验性的自然界的那些原则一样，也是自然的）；这时我们就感到了我们摆脱联想律的自由（这联想律是与那种能力的经验性的运用相联系的），以至于材料虽然是按照联想律由自然界借给我们的，但这材料却能被我们加工成某种另外的东西，即某种胜过自然界的东西。"[38]

"艺术生产应犹如自然"，是康德《判断力批判》第一部分对美的艺术的诠释，他认为艺术只有看起来像自然的时候才是美的，而自然只有看起来是艺术的时候它才是美的，这要放在康德的整个美学架构中理解。而《起信论》中此句讲的是以大方便智，久修菩萨大行，而证本法身（即如来藏出缠而成佛），所起"真如用"之无相无差别，铃木认为二者意义相近，过于语焉不详，也难说有什么真正的洞见。

综上可见，铃木受卡洛斯（Paul Carus）"科学的宗教"（The Religion of Science）观念影响甚深[39]，为把大乘佛教塑造成理性的、经验的、科学的宗教之代表，喜用近代西方哲学解释《起信论》之思想。这种运用西方哲学的语言进行的"洋格义"有时确实可以帮助读者理解佛学思想，但其中也不乏牵强附会。

---

37 Ibid., p. 78, fn. 2.

38 D.T. Suzuki (tr.), *Asvaghosha's Discourse On the Awakening of Faith In the Mahayana*, p. 99, fn. 4. 译文引自康德著，邓晓芒译：《判断力批判》（北京：人民出版社，2002年），页150。

39 相关论述参考 Robert Sharf, "The Zen of Japanese Nationalism", in *Curators of the Buddha: The Study of Buddhism Under Colonialism*, edited by Donald S. Lopez (Chicago: University of Chicago Press, 1995), pp. 116-121.

（二）为大乘正名

19 世纪的欧洲佛教研究有一种流行的看法，认为佛教宣扬了一种消极的虚无主义。比如他们解读"涅槃"这一概念时，都认为这是一种寂灭式的虚无主义。布尔努夫（Eugene Burnouf）就认为佛教涅槃观念是"绝对的虚无"（the absolute nothing）与"寂灭"（annihilation），缪勒也说佛教思想的巅峰就是"无神论"与"虚无主义"。[40]铃木注解《起信论》涅槃观念时，专门反驳了欧洲佛教学中这一看法。他指出，涅槃并非一般观念所认为的是绝对静寂和虚无之义，《起信论》之所谓寂灭意味着灭除我执，脱离分别心，而进入真如或认识万物一体的境界。（insight into the essence of suchness，or the recognition of the oneness of existence）[41]。他不厌其烦地在脚注中解释大乘佛教的的"四涅槃"，并指出唯佛与菩萨能证得的"无住处涅槃"是满有爱与慈悲，不住生死亦不住涅槃，是永住真如利益有情。[42]

铃木在其 1907 年出版的《大乘佛教纲要》最后一章，专门讨论了大乘佛学的涅槃观。他指出西方学界对涅槃的虚无主义式的理解完全出于误解。涅槃具有破立两方面的意义。它是对我执与欲望的破除，也是对众生有慈悲的醒觉。对一切有为法梦幻泡影的醒觉，同时就获得与法身实在的合一。对无明之暗的驱散带来的不是颓废而是开悟与喜乐。[43]

铃木在解释真如的"真实空"（its negative aspect[44]）与"真实不空"（its positive aspect[45]）时也特别强调了这一层意思。他提出，欧洲学人误解大乘空义，把空解读为空无一物。实际上，大乘所谓空是排遣和否定感性经验与二元世界的观念幻相，超越于分别妄念，从而达到"最高之实在"（the highest reality），这就是"真实不空"。"真实不空"是由于它能生起万法（it is aśūnya because all possible things in the world emanate from it）。因此，大乘之空义绝不

---

40 见 Guy Richard Welbon, *The Buddhist Nirvana and its Western Interpreters* (Chicago: University of Chicago Press, 1968), pp. 60, 62, 109. 转引自龚隽：〈铃木大拙与东亚大乘观念的确立〉。

41 见 D.T. Suzuki (tr.), *Asvaghosha's Discourse On the Awakening of Faith In the Mahayana*, pp. 87-88, fn. 2.

42 Ibid., p. 119, fn. 1.

43 D.T.Suzuki, *Outlines of Mahayana Buddhism*, pp. 331-370.

44 D.T. Suzuki (tr.), *Asvaghosha's Discourse On the Awakening of Faith In the Mahayana*, p. 58.

45 Ibid., p. 59.

是寂灭一切的虚无主义，而包含对更高真实境界的肯定。他认为，被那些"佛教的基督徒学子们"所讨论的龙树中观学的"空"，也不是要否定一切，说空与不空都是囿于语言的有限性而作的方便为说，真正目的是遣除虚妄的现象保留真实世界的存在。他说，龙树这一思想与马鸣下文所言并无二致。[46]真如是"real reality"，是"self-existent"[47]，此处铃木是毫不避讳地将真如解释为一元发生意义的生起万法。

用"无相的体"来理解"真如"、"空"等概念，在当今的欧美佛教学界虽然可能已经达成共识，但在铃木的时代，却是颇为不易，人们更容易理解成虚无或寂灭。因此，他愤愤地说，"奇怪的是，这样一种不证自明的事实逃过了基督教的批评家们敏锐的观察"。[48]

另外，针对西方佛学界的另一常见误解，即，对"三昧"的误读，铃木澄清道："三昧（samādhi）通常被解释为狂喜、出神、专注或冥思，然而这些都是误导。三昧意为精神的平静，而佛教修习三昧的理由是，它可以使我们的精神远离纷扰，为正确理解事物的性质做准备，克制瞬息的冲动而使我们有暇慎思。迷狂或出神却不会有这样的益处，而只会带来一系列幻觉，这与精神的平静是大相径庭的。"[49]修习三昧作为《起信论》"修止观门"中一大特色，也是后代东亚大乘佛学发展的重要主题，铃木大拙要强调它的殊胜之处。这也为铃木后来的禅学论述中高举禅为日本之灵性的代表，强调其纯粹性、特殊性埋下了伏笔。

通过上文的分析，可以看出，铃木大拙之大乘论述，表现出三方面的特点：以"东亚"佛教与"西洋"基督教的不同之处显示东方的优越；比附佛教与基督教以及西方哲学中相似的观念以显示佛教并不落后；纠正西方佛教研究中对大乘佛教的歪曲与偏见，证明大乘佛教的正统性与合法性。

四、逆向东方主义

我们可以看到，铃木所处的历史环境，正是萨义德（Edward W. Said）所

---

46 Ibid., p. 58-59, fn. 1.
47 Ibid., p. 59
48 "It is odd enough that such a self-evident truth should have escaped the keen observance of Christian critics." in D.T. Suzuki (tr.), *Asvaghosha's Discourse On the Awakening of Faith In the Mahayana*, p. 58-59, fn. 1.
49 Ibid., p. 135, fn. 2.

定义的"东方学（Orientalism）"甚嚣尘上的时代[50]。东方主义是一种人为制造的文化冲突，东方、西方被贴上了相互对立的标签，仿佛西方与东方真的有着本体论上的差异。这一时期的学者用自己的化约、抽象，使对文化的研究与讨论脱离了具体的历史和经验，从而变成了"意识形态的虚构、形而上学的对抗和集体激情"[51]。在"东方学"这样一种权力话语的宰制下，东方往往被看作西方的"他者"，是"非理性的，堕落的，幼稚的，不正常的"；而西方则是"理性的、贞洁的、成熟的、正常的"[52]。而这一切，都是在西方殖民扩张的历史背景下所建构起来的西方与东方在政治、文化甚至宗教上的强弱关系。

这样一种由政治权力所宰制的文化霸权，往往人为扩大和固化了东西方文化差异，形成西方在面对东方时的天然优越感。"东方学不是欧洲对东方的纯粹虚构或奇想，而是一套被人为创造出来的理论和实践体系，蕴含着几个世代沉积下来的物质层面的内涵。这一物质层面的积淀使作为与东方有关的知识体系的东方学成为一种得到普遍接受的过滤框架，东方即通过此框架进入西方的意识之中"[53]。

而 19 世纪末至 20 世纪初的日本，正积极而热烈地与西方进行着文化交流，"脱亚入欧"是当时日本社会的热切愿望。与此潮流相应，日本出现了许多以"东洋"与"西洋"对置来组织论述的佛教学研究，铃木大拙就是这一运动的积极推动者。[54]他在用英文阐释大乘佛教时，就是在与西方佛教学相对立的意味上来建立新的论述。[55]在近代日本佛教学者的笔下，日本的传统所代表的"东方佛教"是大乘佛教发展的极致，"东方佛教"概念的提出，表明了19 世纪末期日本民族主义优越意识的萌发，铃木基本就是在这样一种思想逻辑下开展他的大乘论述。[56]显而易见，这正是一股文化大潮中的逆流，作为曾

---

50 萨义德著，王宇根译：《东方学》（北京：生活·读书·新知三联书店，2003 年）。

51 同上，"2003 版序言"，页 10。

52 同上，页 49。

53 同上，页 9。

54 Michael Pye, "Suzuki Daisetsu and Communicating Buddhism-Suzuki Daisetsu's View of Buddhism and the Encounter between Eastern and Western Thought," *The Eastern Buddhist* 39:2 (2008): 2-3.

55 参考 Ueda Shizuteru, "Outwardly, Be Open; Inwardly, Be Deep: D.T. Suzuki's Eastern Outlook," *The Eastern Buddhist* 38:1; 38:2 (2007): 8-40.

56 参考 Judith Snodgrass, *Presenting Japanese Buddhism to the West* (Chapel Hill: University of North Carolina Press, 2003), pp. 10, 206, 198-201.

长时间生活在西方的学者，铃木大拙很可能是感受到了这样一种"东方主义"的压力，因而把"挑战这一欧洲中心主义的佛教学观念，辨明和维护包括日本在内的大乘佛教传统的合法性当做了重要任务。"[57]

著名佛教研究专家佛雷（Bernard Faure）在分析西方学界对禅宗的诠释时，曾批判地指出，他们的研究起初明显地带有东方主义的色彩，及后京都学派对禅宗的再现，也采用了相似的手法，成为一种另类的东方主义。例如铃木大拙大量采用十九世纪东方主义所用的概念范畴，致力寻找纯净的、本质的禅或佛教，旨在高举东方文化的优越性；至于西田几多郎之借用禅宗的"无"，将之译为"nothingness"并等同于基督宗教的密契家讲的"Nichts"，甚至将禅宗的"有"与西方语文的"Being"混在一起，继而将东方的无对比西方的存有，并随意的在禅宗的某一些文献及基督宗教的某些密契家的某些著作中，东拉西扯的进行所谓的东西方"对话"，这种做法除了在修辞上仍然落入东方主义的窠臼，背后更隐藏了西田本人的民族主义。[58]这些现象反映了京都学派的一个颇为根深柢固的基本倾向。赖品超用了"逆向的东方学"（Reverse-Orientalism）来定义这样一种矫枉过正的学术潮流[59]。他提出，这种在后殖民思潮的启导下展开的对西方的东方主义的抵抗，有时会成一种新的东方主义。这新的东方主义往往刻意强调东西方之间的差异、以及东方或佛教的思想的优越之处，当中不仅强化甚至夸大所谓东方与西方思想的差异，并且忽视东方或西方思想中内部的分歧，有时甚至包含了对某些东方思想的扭曲。依此，逆向东方主义可被理解为，以相类似的方法为手段，但目的却是反过来证明东方文明的优越性。[60]

因此，我们可以用"逆向东方主义"作为幕后的动机或隐含议程（hidden agenda），来了解铃木大拙的大乘佛教和禅学的书写与传译。如佛雷所言，铃木出于一种边缘人的焦虑，总是强调他所传介的禅学或大乘佛学的正统性，这种焦虑来自其身处居士与禅师之间，禅宗与净土宗之间，在传统与现代之

---

57 见龚隽：〈铃木大拙与东亚大乘观念的确立〉，页83。

58 Bernard Faure, *Chan Insights and Oversights: An Epistemological Critique of the Chan Tradition* (Princeton: Princeton University Press, 1993), pp. 52-88.

59 赖品超：〈存有与非有：蒂利希、耶佛对话与汉语神学〉，《道风·基督教文化评论》第43期（2015年秋），页29-50。

60 赖品超：〈存有与非有：蒂利希、耶佛对话与汉语神学〉，页42-45。

间，日本与西方文化之间的张力。[61]铃木为了他强调东亚文明优越性的动机，不惜不断转换立场与参照系，时而强调禅的非历史性，时而强调其历史发展的独特性；时而提出禅的直觉、非逻辑性，时而辩护说禅既非反智亦非无逻辑。西田与铃木甚或由基督宗教某些密契家的著作而直指基督宗教是大乘佛教的某种低级版本。[62]这都可以看做某种"逆向东方主义"的叙事。

这一"逆向的东方主义"透出来的日本文化沙文主义为其帝国主义扩张提供了"精神合法性"的支持。关于铃木大拙及后京都学派佛学与禅学思想中的民族主义问题，学界已有不少研究，如沙尔夫（Robert Sharf）《日本民族主义的禅》[63]一文，佛雷（Bernard Faure）《禅的洞见与溢见》[64]一书，龚隽也曾在其《禅史钩沉》第十章对这些研究做过总结[65]。这些日本佛教学者通过中国佛教衰亡论，提出日本文化才是亚洲精神独一无二的代表，因此日本才有权利，而且确实有责任引导他的亚洲兄弟进入现代化。[66]这一辈的日本佛学研究者，用他们构造出来的禅学，对"如今只保存在日本的"、"大乘佛教的真精神"[67]进行着不遗余力的鼓吹与夸大，并赋予它"世界文化之新光"的重大责任。[68]

"明治新佛教"的兴起与走出国门的冲动，与日本当时的历史背景有着非常密切的关系。葛兆光指出，日本的佛教当时正在最危急的时候，与晚清的中国佛教很相似，其时已经很堕落。而明治维新的两条途径，第一是国家统一，权力收归天皇，撤藩置县，形成一个完整的大日本帝国；第二是为日本帝国建立一个宗教信仰和意识形态的神圣基础，这就是万世一系的天皇、东方伟大的神国与支持日本神圣性的神道教，所以，要把自古以来"神佛习合"而混乱的佛教和神道教分开。所以，明治元年发布命令让神佛分离，将所有的佛像从神社中驱逐出去，这时日本佛教已经很危险了。在日本维新的

---

61 Bernard Faure, *Chan Insights and Oversights,* p. 65.

62 Ibid., p. 84。

63 Robert Sharf, "The Zen of Japanese Nationalism", in *Curators of the Buddha : the study of Buddhism under colonialism,* edited by Donald S. Lopez (Chicago: University of Chicago Press, 1995), pp. 107-160.

64 Bernard Faure, *Chan Insights and Oversights.*

65 龚隽：《禅史钩沉：以问题为中心的思想史论述》，页 410-415。

66 参考上引书，页 410-415。

67 西田几多郎语，转引自 sharf, " The Zen of Japanese Nationalism," p. 126。

68 Ibid.

过程中，在日本帝国的政治里是边缘和被排斥的。但是，日本佛教在这种情况下采取了三个非常有效的措施：

第一，转内向为外向。在 1868 年以后，日本佛教派出很多人出国留洋，接受西方基督教的传教方式，考虑如何宣传，如何能够改变自己，适合更多的信众，主动走向世界，释宗演和铃木大拙等人就是在这种情况下西行美国的。第二，成为独立宗教，他们呼吁按照基督教的方式，实行政教分离。当政教分离的时候，佛教就成为独立宗教，随之开始宗教改革，提倡精神主义、戒律精严等一系列自我革新。第三，日本佛教以"护国爱教"的名义跟日本当时的皇国主义取得一致，在这样的情况下佛教迅速崛起成为帝国政治的意识形态主流，成为一个帝国的宗教。[69]

而 20 世纪 80 年代，意在反思社会不公、种族主义、帝国主义等问题的日本批判佛教运动兴起之时，却将如来藏学说指为一切问题的渊薮，认为这种背离了印度佛教缘起观念的"创生性的一元论"以及随之而来的"本觉论"支持了社会不公、军国主义、日本文化沙文主义等。[70]马克思对青年黑格尔学派曾有这样一个批判："有一个好汉一天忽然想到，人们之所以溺死，是因为他们被关于重力的思想迷住了。如果他们从头脑中抛掉这个观念，比方说，宣称它是宗教迷信的观念，那么他们就会避免任何溺死的危险。"[71]同样的逻辑，我们可以说，导致军国主义的不是如来藏思想，而是"明治新佛教"的学者们利用如来藏为现实中的军国主义提供合理性的论述，为反思军国主义而批判如来藏，则是头朝下的颠倒逻辑，如来藏何辜？

五、结语

铃木选择《起信论》为代表传播大乘佛教思想，与他建构"联合全人类"的"普世佛教"的理想有关。铃木在其创办的 Eastern Buddhist 第二期编者前言中曾论到："大乘佛教应被看作统一的整体，不应有派别，尤其不应有门户

69　葛兆光：〈怎样面对新世界？——1893 年芝加哥万国宗教大会后的中日佛教〉，载于蒋坚永、徐以骅主编：《中国宗教走出去战略论集》（北京：宗教文化出版社，2015 年）。

70　杰米・霍巴德，保罗・史万森（Jamie Hubbard; Paul Swanson）主编；龚隽等译：《修剪菩提树："批判佛教"的风暴》（Pruning the Bodhi Tree: The Storm over Critical Buddhism），（上海：上海古籍出版社，2004 年）。

71　《马克思恩格斯全集》（北京：人民出版社，1973 年），第三卷，34 页。

之争,有的不过是对同一真理的不同表达与不同方面。在此意义上,无论佛教、基督教还是其他的什么宗教,不外乎是同一个深植于人类灵魂的信仰的不同变种而已。"[72]只不过,沙尔夫尖锐地指出:这个"联合全人类"的理想在明治新佛教学者那里过于仓促地被翻译成了"大东亚共荣"。[73]

不可否认,铃木常常使用感情色彩颇为浓厚的宣教式、漫谈式语言对大乘佛教之优越性进行辩护,但作为试验性的工作,对《起信论》本身的翻译,却尚可说是恰当准确地传达了文本的思想,并未见到太多龚隽所谓"有意的实体化解读与延伸"[74]的证据。如龚隽所说,囿于时代与环境,铃木所作的结构性、综合性的大乘论述因为"宏大叙事"的风格,在以语言文本分析、历史考证为传统的西方佛教研究界不被看好;而其传介的禅学,却因为突显反知识主义、反文本解读的倾向而正好因应了当时西方的需要而受到青睐。[75]

抛开历史、政治、权力的背景,《起信论》本身作为赅括"大乘共法"的论典,不失为全面介绍大乘佛法的方便法门。而且,如来藏传统作为大乘佛学的重要法流,至今仍未在当前的佛耶对话研究中受到应有的重视,它可以作出的贡献尚有待发掘。铃木与基督教对话的动机虽不明显,但从铃木的译介中,却恰好可以启发我们关于信仰、真如与上帝、三身与三一等话题的思考。

---

72 转引自 Robert Sharf, "The Zen of Japanese Nationalism," p. 121.
73 Robert Sharf, "The Zen of Japanese Nationalism," p. 120.
74 龚隽:〈铃木大拙与东亚大乘观念的确立〉,页 109。
75 同上,页 111-112。

第四章　李提摩太与《起信论》

一、导言

　　前文曾述,《起信论》的出现,是在战云燹火的南北朝时期。而李提摩太(Timothy Richard,1845-1919)对它的翻译,又值清末乱世。1869年,这位英国浸信会(Baptist Missionary Society)的传教士怀着英雄主义的热情、带着在神秘的东方古国建立"上帝国"的神圣使命踏上了中国的土地。来华传教的45年间(1869-1914),他目睹饥馑、灾荒、暴乱与革命,这个内忧外患摇摇欲坠的大清帝国中百姓蝼蚁一般的生存惨状令他触目惊心,如此的时情世景,使他在福音传播工作中充满强烈的社会关怀。

　　从25岁来华直至暮年的漫长生涯中,他忙碌于赈灾、建立教会和大学堂、办孤儿院,穿梭于官绅与百姓之间,在传播上帝福音的同时,他结交权贵,联络士绅,顾问洋务,鼓吹变法,调停外交,抨击革命[1],对于历史、政治与社会,他常有独到的眼光与远见。传教过程中,他也勤奋钻研儒释道等学说,以了解中国人的宗教需要和文化观照。

　　他研究佛教学说,一方面是因为看到了佛教在中国社会中所拥有的力量,希望从佛教在中国传播的成功历史中吸取传教经验;更根本的一方面,他是想联合诸宗教之力量,救万民于水火、解众生之倒悬。他曾在1895年拜访总

1　见李提摩太著;李宪堂,侯林莉译:《亲历晚清四十五年:李提摩太在华回忆录》(Forty-five Years in China: Reminiscences by Timothy Richard)(天津:天津人民出版社,2005年)。

理大臣翁同龢，提出解决基督教与大清朝廷之间的冲突要在认可宗教自由之理念，如此整个国家的和平安宁指日可待。[2]

学者大都同意，在当时的一批传教士中，李提摩太对佛教的态度可以说是最为亲切友好的，[3]他不像其他的传教士那样，虽然怀着拯救中国人灵魂的心，却认为中国文化是落后不足取的，他对大乘佛教的诠释进路迥然不同于当时具殖民色彩的东方学，并且在动机和态度上颇为符合大乘佛教的精神，因为他的终极目的是全人类的解放。[4]以他的际遇与处境为背景，我们更能理解他团结诸宗教以对抗世间苦难的情怀。

二、翻译《起信论》之因缘

他研究中国的宗教书籍，最初的目的是为了掌握中国人所熟悉的宗教词汇，以方便传教工作的进行。[5]他曾翻译过《起信论》、《法华经》、《选佛谱》及《西游记》等等。而翻译《起信论》的因缘，是因为与杨文会的交游。1884年，他去南京拜访两江总督曾国荃，想让他关注宗教自由的问题并停止对基督徒的迫害。访问南京期间他认识了杨文会这个佛教知识界开风气之先的人物，杨曾随清朝驻英国公使曾纪泽出访欧洲，在那里结识了日本佛教学人南条文雄及欧洲印度学的代表人物马克思·缪勒。这样一位在知识界相当有影响力的被李提摩太称为"智力很高"的人物，曾由读《起信论》而从儒家信徒改宗佛教，这件事情大大地引起了李提摩太的兴趣。当他亲自阅读《起信论》的时候，他的发现是"这是一本基督教的经典！尽管所用的术语是佛教的，但它的思想是基督教的。"[6]

这部论典让他看到了大乘佛教与基督教精神的相通，于是他想要与杨氏合作，将这"贯通宗教"、融通"小始顿圆"的"佛学初阶"论典[7]翻译成英

2　李提摩太：《亲历晚清四十五年》，页 225-226。

3　龚隽：〈译经中的政治——李提摩太与《大乘起信论》〉，载《新史学》2008 年 5月，页 119-143。

4　赖品超：〈李提摩太对大乘佛教的回应:从后殖民对东方学的批判着眼〉,《浙江大学学报(人文社会科学版)》，2010 年 5 月；"Timothy Richard's Buddhist-Christian Studies," *Buddhist-Christian Studies*, 29 (2009): 23-38.

5　李提摩太：《亲历晚清四十五年》，页 68。

6　Timothy Richard, *The New Testament of Higher Buddhism*, p. 39.

7　语见杨文会：〈起信论真妄生灭法相图跋〉，杨文会撰；周继旨校点：《杨仁山全集》（合肥：黄山书社，2000 年），页 390。

文。[8]当然，杨文会的目的，是想将他所推重的这部论典传之西方，"以为他日佛教西行之渐"。[9]不过，当李提摩太的译本完成之后，其中"充满了基督教而非佛教的语气"令杨文会意识到李提摩太背后强烈的基督教意识形态以及他传译《起信论》的宗教立场时，他感到非常不悦。[10]

如学者所言，李提摩太的这个译本因为其严重的不"信达"而为教、学两界所诟病[11]。如 Dwight Goddard 批评说："刻意与基督教相谐使其丧失了作为一个可理解的佛教文本的翻译的价值"。[12] 羽毛田义人在其 1967 年出版的《起信论》英译本"导言"中也说到："Richard 译本的一个主要的弱点就在于他总想把基督教的思想读入（read into）《起信论》。"[13]

不过我们可以看到，忠实原文并非李提摩太挂怀的问题，他并非没有意识到自己的"私见穿凿"，也不认为自己的翻译比铃木大拙的更具学术价值，他说："我出版它（英译《起信论》）因为我相信以基督教的光照下来解读时，它有能力在不同的宗教信徒之间增进手足之情。"[14]

三、李提摩太之立场

（一）普遍启示?

在李提摩太眼中，由于大乘佛教后起，所以它不单是"新佛教"，更是"高级佛教"（Higher Buddhism），大乘与小乘之间的关系恰似犹太教与基督教的传承关系，这与当时的西方佛教学者以南传上座部佛教为纯正，以大乘佛教为扭曲堕落的看法乃截然不同。他对大乘的称扬与当时欧洲佛教研究的"东方学"传统实在是大相径庭。

在他"发现"的高级佛教中，以《妙法莲华经》与《大乘起信论》这一经一论最能代表大乘佛法的精髓，他所翻译的《高级佛教的新约》（*The New*

8　李提摩太与杨文会的这段交往之叙述见氏著《亲历晚清四十五年》，页 174; 及 *The New Testament of Higher Buddhism*, pp. 44, 45.

9　沈彭龄，〈杨仁山先生年谱〉，《杨仁山全集》，页 597。

10　龚隽：〈译经中的政治——李提摩太与《大乘起信论》〉，页 4，注 9。

11　同上，页 1。

12　Dwight Goddard, *The Principle and Practice of Mahayana Buddhism: An Interpretation of Professor Suzuki's Translation of Aśvaghosha's Awakening of Faith*, "preface" p. xii.

13　Hakeda S. Yoshito, *The Awakening of Faith: Attributed to Aśvaghosha*, p. 17.

14　Timothy Richard, *The New Testament of Higher Buddhism*, p. 47.

Testament of Higher Buddhism ）包含《起信论》的全文翻译和《法华经》的节译。

由发现大乘佛教与基督教的相似以及大乘佛教与小乘佛教的差别始，李提摩太宣称：

"如果大乘信仰（越来越使人相信）不是恰如其名的佛教的，而是我们的主、救主耶稣基督的同一个福音的亚洲形式并用佛教的名相来表达，那么它与旧的佛教的区别就有如新约与旧约之别；因此，它要求普世的兴趣，因为在它身上我们找到基督教与古代亚洲思想的适应，并且是东西方各民族最深刻的联结，就是一个共同的宗教。基督教与新佛教皆肯定上帝的超越及内蕴的形式，只是东方更强调内蕴的形式，而西方更强调超越。"[15]

在《致世界释家书》[16]中，他讲述了一个基督教版的"老子化胡"故事：上帝的使徒多马于印度遇马鸣，与之畅论救世主与至上上帝之道，马鸣受新教之感化遂起著《起信论》，《起信论》与小乘教异点颇多，而中国高丽日本诸释家，皆以之为大乘教之源起[17]。随后，他如此论述大小乘佛教之间的区别：

"小乘目的在救一己，大乘目的在救众生。小乘不拜神，惟信赖无助之人力，于轮回转生中求得救；而大乘之道，则颇似基督教，崇奉我佛，不讲轮回，独赖佛力而得救。小乘以产生为有罪，谓妇人非先转生成为男子，终无得救之日也；惟大乘则不然，以观音为善良慈悲之模范，其救护受苦受难之众生，颇着效力，有忏悔者必畀以新生命，其所以现千手之身者，盖以为普遍救济，完满仁慈也，乃其怜爱与慈悲，及其情愿牺牲一己之品性，殊堪称颂。"[18]

关于李提摩太对佛教的理解与对待佛教的态度，不少研究者做过分析。龚隽认为，李提摩太面对佛教坚持的是一种"启示的普遍主义"，类似缪勒所说的那种"人都有一种独立于一切历史上各种宗教之外的信仰能力"，"上帝之言启示于每个人心中"的观念[19]。

---

15 Ibid., p. 39.

16 李提摩太著，闽侯邵绎译：《英国李提摩太致世界释家书》(Timothy Richard, *An Epistle to All Buddhists*)（上海：广学会藏版，1906 年）。

17 同上书，页 25。

18 同上。

19 龚隽：〈译经中的政治——李提摩太与《大乘起信论》〉，页 5。

这里需要澄清的是，在基督教神学的语境中，"普遍启示"是一个含糊的概念，其假设了上帝在耶稣基督的独特启示之外，还透过自然界向人类普遍发出启示。普遍启示的范畴倾向于不理会非基督宗教的差异和忽略它们各自的独特之处，并在救赎论上有其限制与副作用：人们可以通过自然启示知道上帝的存在和能力，却不能因此得到救恩，后者是慈爱上帝赐予的，只能通过特别启示获知；不知道耶稣基督的救赎工作就没有救赎。并且，普遍启示可能有的副作用会带来更大的灾祸，即，普遍启示使人不能再为自己的不信找借口，并该为自己故意拒绝崇拜真神而受诅咒。[20]

乍看之下，李提摩太似乎确实是秉持着某种"普遍启示"的态度，将大乘信仰看作是用佛教名相表达的同一个基督福音的亚洲形式，他也曾说过：

> "我们应记住我们的主对其他宗教的态度，他来不是为了废弃，而是为了成全。圣保罗在雅典的讲道中引用并推许希腊诗人。殉道者游斯丁与奥古斯丁认为别的宗教也来自上帝，只是基督教更为圆满和完美。在我们的时代，这也是宗教比较学最新和最好的权威所教导的。"[21]

不过只要稍加审视，就可以发现，李提摩太从来不曾抱着"不知道耶稣基督的救赎工作就没有救赎"、"不信者应受诅咒"的态度来对待上帝在中国的"待牧的羔羊"。而且他一直怀着客观和真诚的态度对待中国的文化，例如对儒家音乐和佛教音乐的欣赏。[22]他批评当时的基督教宣传册把中国的许多文化习俗贬低为罪恶，而不承认中国人所崇敬的大多数事物是值得肯定的。不是中国人邪恶，而正是这些宣传册引发了对传教士的暴乱。[23]在他节译的《法华经》译者导论中，郑重地提出：东方宗教是蕴含着巨大价值的金矿，而这些宝物深藏在它们浩瀚而久远的文献中，不为西方人所知。[24]

（二）福音预备？

也有学者将李提摩太对佛教的态度归为"福音预备"一类。如田道乐（Notto

---

20 赖品超：〈中国宗教与救赎历史：基督教神学的观点〉，载于欧大年、赖品超著，杨国强译：《中国宗教・基督教・拯救：中国宗教学家与基督教神学家的对话》，页14。

21 Timothy Richard, *The New Testament of Higher Buddhism*, p. 131.

22 李提摩太：《亲历晚清四十五年》，页146、149。

23 李提摩太：《亲历晚清四十五年》，页124。

24 Timothy Richard, *The New Testament of Higher Buddhism*, p. 144.

R. Thelle）认为："他将大乘理解为基督教信仰的预备，甚至就是一种隐匿的基督教"，"他真正关心的是让佛教徒相信，一旦他们认真审视他们的宗教，他们就会被导向曾经激发了大乘思想的基督教信仰。……在《致世界释家书》中，他用了一堆佛教术语和概念来展示它们都指向上帝，基督徒与佛教徒应该连为一气，为'成为天父之真子，永生之哲嗣'的世界文明而努力。"[25]

在基督教神学中，福音预备工作的概念要优于普遍启示的概念，因为看起来能肯定其他宗教在救赎历史中的正面角色。但此概念的解释因人而异，非基督宗教的明确救赎地位亦有待澄清；而且，以自己的宗教为最圆满不仅有自我夸耀之嫌，其他宗教也可反客为主视基督教为其预备工作，任何一方也难证明自己的宗教可以使他者的宗教变得圆满；再者，与福音预备工作联系起来的道之教义，倾向于过分强调共同点而看轻相异之处；更重要的是，福音预备工作这个范畴，将非基督宗教的价值完全系于它们与福音的关系上，根本没有兼顾它们本身有的意义或价值。[26]

正如学者所论，表面看来，李提摩太对佛教的态度似乎与当时英国流行的成全神学（fulfillment theology）很相似，即强调基督教福音是所有宗教的成全。但值得指出的是，他是为了强调基督徒对其他宗教曾抱有正面态度才提及这些历史或神学背景的，他自己的想法却是与之大相径庭，因为他想要的是让这种成全关系变成双向的、相互成全，在《起信论》导论中他表示："近年越来越清晰的是，不同的真理无论在何处寻获，都是不能互相敌对的。他们并不互相抵消，而是互补；不是互相毁灭，而是彼此成全。"[27]

他曾由与高僧的一席谈话（1888 年）而意识到这样一种"赢得了中国最伟大的心灵的宗教，是不可以等闲视之的"。并且说："只是在经过了多年的研究之后，我才发现，佛教（不是由乔达摩建立的原始佛教，而是指从基督时代开始的佛教）在其高度发展中实际上包含了基督教的一些主要教条"[28]。

不过当时他看到现实中的佛教是缺乏活力的，普通的和尚甚至对经文烂熟于心却不能理解也不关心其内容与深义。[29]丁戊奇荒（1876-1879）中，眼

---

25 Notto R. Thelle, "The Conversion of the Missionary: Changes in Buddhist-Christian Relations in Early Twentieth-Century China," *Ching Feng*, n.s.,4.2 (2003): 142.

26 引自赖品超：〈中国宗教与救赎历史：基督教神学的观点〉，页 14。

27 赖品超：〈李提摩太对大乘佛教的回应：从后殖民对东方学的批判着眼〉，页 35-36。

28 李提摩太：《亲历晚清四十五年》，页 192。

29 同上，页 259。

见生灵涂炭、人间地狱般的惨景，李提摩太感叹：“儒生的傲慢自负、佛教徒的无所作为、道教徒和风水先生的迷信，确确实实是一种罪过，亿万民众因此陷入了毁灭的境地。……我呼吁，中国和外国的优秀人才要走到一起，相互协作，以求中国富强。”[30]李提摩太除了强调佛教与基督教之间的相似，更看到当时中国佛教虽然颇为衰落，但呈现出复兴的势头，他认为基督教的使命是要去净化佛教。当时日本佛教的繁荣也让他看到了佛教对社会的积极影响，以及佛教复兴的希望。[31]

以李提摩太的《起信论》翻译为例，他说，基督教传统认为，旧约时代的先知们所预言的弥赛亚（Messiah）便是耶稣基督。而按他的理解，《金刚经》中也预言了耶稣基督的降生。[32]不啻如此，李提摩太还进一步表示，“真如”作为“宇宙的真实形态或万物的本源”[33]，“如来”无疑可理解为“真如成为肉身”[34]，也就是说，“如来”换个角度言便是“佛教传统对他们的弥赛亚的称谓”[35]。李提摩太认为《起信论》是划分大乘佛教与小乘佛教的重要论典，并称马鸣是佛教的保罗。[36]李提摩太的译本遍布基督教思想的痕迹，例如以“原型”（Archetype）、“上帝”（God）等等翻译“真如”。

虽然李提摩太将大乘佛教解释成基督教的亚洲形式，高级佛教的新约，却并未认为《起信论》的价值比基督教的典论低，反之认为相比于基督教，佛教更为关注上帝内蕴形式之讨论。（Both Christianity and the New Buddhism

30 同上，页116。

31 Timothy Richard, *The New Testament of Higher Buddhism*, pp. 134-137.

32 李提摩太认为佛教传统里也有一预言记载在《金刚经》第六章之中：“我（按：释迦牟尼）灭后五百岁有持戒修福者，于此章句，能生信心，以此为实。当知是人不于一佛二佛三四五佛而种善根，已于无量千万佛所种诸善根。”李提摩太说：“释教古传，定以西历纪元前五百四十三年为如来得道之日。若以后者为确，则金刚经中之预言，甚有价值。因基督降生正值释迦牟尼灭后五百岁之后。”（李提摩太著、闽侯邵轮译：《英国李提摩太致世界释家书》，页27）换言之，《金刚经》预言所指者便是耶稣基督。

33 "the True Form or Source of all things in the universe", in Timothy Richard, "New Buddhism," in *Conversion by The Million in China: Being Biographies and Articles,* Vol. 1 (Shanghai: Christian Literature Society, 1907), p. 293.

34 "the True Form become Incarnate", in Timothy Richard, "New Buddhism," in *Conversion by the Million,* Vol. 1, p. 293.

35 "the Buddhist way of designating their Messiah", in Timothy Richard, "New Buddhism," in *Conversion by the Million,* Vol. 1, p. 293.

36 Timothy Richard, *The New Testament of Higher Buddhism*, p. 27.

hold to the transcendent and the immanent forms of God; but the East emphasizes more of the immanent form, while the West emphasizes more of the transcendent）[37]这意味着大乘佛教也有比西方基督教优异之处，甚至能补基督教之不足。如是观之，李提摩太按基督教义理思想翻译《起信论》，目的未必为高举基督教作最圆满宗教，却是为沟通东西宗教，联合诸宗教而努力。

李智浩的论文中也论到，李提摩太认识到："倘若离开特定的文化处境，信仰便不能被理解。如何藉由身处的社会文化背景诠释《圣经》和表达信仰是至关重要的。在这问题上，李提摩太并不排斥以中国文化元素表述基督教思想的可能，他也曾在研读中国宗教典籍之余，尝试利用中国人所熟悉的宗教语言编写《教义问答》。这点恰好解释，他后来何以能毫不犹疑地，用基督教语言取代大乘典论所惯用的宗教语言，并据基督教思想诠释大乘典论的内容。[38]""李提摩太在与中国的佛教徒、道教徒乃至秘密宗教的信徒接触过程中，逐渐发现过去据以肯定基督教为真宗教的理由，并无什么独特之处。这使他反省过去所接受的神学训练的限制，结果，他发现耶稣传道时原来也诉诸人的良心和理性，于是，在向中国人解释基督教信仰的价值时，李提摩太不再以圣经中的神迹奇事为楷模，而是诉诸良知，即，「假如我们能在怜悯患病的、贫穷的、受苦的，以及在提供教育等事情上比中国人做得更好，那么，我们将能取得中国人的良心所能赞同及跟从的证据。」"[39]

这些例子恰好说明，虽然他用了非常基督教化的语言去翻译《起信论》，但并不说明他对佛教的态度就是"福音预备"的包容论式认知。在传播福音时，他也可以用中国人熟悉的概念和语言对基督教进行"格义"。其中并不包含以本质主义的态度对任何一方进行高下判断和价值取舍，一切都以"永恒的正义、大地的和平，以及人与人之间的善心"为最终目的，"我们来到中国，不是为了谴责，而是为了拯救；不是为了毁灭肉体，而是为了充实灵魂；不是为了使人悲伤，而是为了给人们幸福。"[40]

---

37 Ibid., p. 39.

38 李智浩：《清末民初基督新教来华传教士对中国佛教的诠释——李提摩太、苏慧廉和艾香德个案研究》，页 26。

39 同上，页 27。

40 李提摩太：《亲历晚清四十五年》，页 124。

他如此解读大乘佛教的经典，是因为他的宣教工作并非以使人皈依基督宗教为重点，不以某一宗教之扩张为最终目标，而是以促进人类福祉为终极目的。如学者所论："虽然李提摩太是一名传教士并致力于引进西学，但他并不是采取一种殖民主义的心态、企图征服或贬低佛教；相反，他极力批判殖民主义、军国主义和消费主义，并且积极推动跨宗教的对话和合作；而对话的目的、也就是宣教工作的目标，是要在地上建立上帝的国度、就是一个公义和平的国度。"[41]

（三）为了和平与公义的未来宗教

怀着联合诸宗教以拯救万民的目的，李提摩太从来不曾抱持任何形式的排他主义。他不仅是希望不同宗教不相龃龉，他也十分遗憾于基督教内部不同宗派的门户之争，并尽力用理性和忍让解决冲突弥合分裂。[42]

因此，就他的佛教研究而言，说他是简单地将佛教与基督教通约，或者说他是表面上宽容实际上排他[43]，皆非公允之论。他的关怀并不只是狭隘地囿于传播福音，使佛教徒皈依基督教，而是"希望通过这项工作为基督教与佛教建立一个合作或友谊的共同基础，而不是使佛教徒皈依基督教。[44]"

而且，我们可以进一步发现，李提摩太的佛教研究背后，怀着跟同时代的传教士颇有些不同的使命感，那就是：相信此世的国度将要成为地上的天国，并且将来只会有一个信仰，而这个信仰并不必然指向现有的某个宗教：

> "那能满足万国万族的、属于未来的宗教不会产生自任何党派的呐喊，而会产生自一种习惯，就是观摩所有宗教的最高而永恒的元素，并乐于见到一切有助于人的体、魂、灵，无论是个人的或集体的，都是神圣的。"[45]

---

41 赖品超：〈在中国佛教徒中宣教：历史与神学的反思〉，载于杨熙楠编：《风随意思而吹：艾香德与汉语神学》（香港：道风书社，2010 年），页 232。

42 见李提摩太：《亲历晚清四十五年》，页 110，133。

43 如李智浩认为李提摩太对佛教的理解类乎一种"以包容为排他"的空间结构。见氏著：《清末民初基督新教来华传教士对中国佛教的诠释——李提摩太、苏慧廉和艾香德个案研究》，页 226。

44 赖品超：〈李提摩太对大乘佛教的回应：从后殖民对东方学的批判着眼〉，页 35。

45 Timothy Richard, *The New Testament of Higher Buddhism*, p. 35.

而这并不是指基督教的胜利或垄断：

> "随着蒸汽及电力在上世纪的发明，普世相交的时代已降临人间。伴随而生发的感觉是，在宗教演化的下一步，不是这些互相角逐的众宗教中有任何一者可以获得垄断，而是一个全部的联盟；而这是建立在一个基础上的，即感恩地承认所有曾出现在地上不同角落的宗教中最好的都是神圣的，并最终跟随那在权威及对人类的效用上超越其他宗教的。"[46]

因为他看到，穷人和受压迫者不止存在于非基督教的列国的腐败政府治下，生活在具有恐怖军备的基督王国的专制政府下的人也同样受苦；无知与迷信是罪恶，制造罢工、暴乱、背叛和战争的暴力者更加是罪恶。

因此，对李提摩太的使命与立场最为准确的概括应是：传教活动的终极目的在于建立地上的天国，其中不止包括宗教的合一，更包括基督徒与非基督徒为全人类的福祉而合作，尤其是为贫穷者和受压迫者建立公义与和平。他严厉批判西方国家的殖民主义和军国主义，它们给全世界带来战祸，导致了灾难性后果。他对佛典的诠释使用了很多基督教的名相，乃是由于这种普世性的异象所驱使，这其实与大乘菩萨道精神颇为相符。[47]

四、"相似福音"背后

在李提摩太的认知中，在中国盛行的大乘佛教是一种高级佛教，它与基督教的共同点是传递通过恩典得救的福音的宗教，亦即从小乘到大乘是从靠自力救一己转变为靠他力而救众生。[48]包含净土思想的大乘佛教，在神格化佛陀的同时，展现出了与基督教"奇妙的相似"。

学者论到，李提摩太的基督教神学立场塑造了他对中国大乘佛教的欣赏，这是他研究佛教的深层动力，也是他更深入认识佛的阻碍；但他不是怀着傲慢甚或敌意企图证明基督教比佛教优越，而是为基督教与大乘佛教间一些表面上的相似所吸引，加之渴望建立两者之间的合作关系，因而运用基督教的概念来翻译佛经。[49]

---

46 Ibid., p. 34.

47 赖品超：〈李提摩太对大乘佛教的回应：从后殖民对东方学的批判着眼〉，页39。

48 李提摩太：《致世界释家书》，页25。

49 赖品超：〈李提摩太对大乘佛教的回应：从后殖民对东方学的批判着眼〉，页38。

比起同时代学者、传教士之东方主义式的态度，李提摩太的佛教研究之动机与态度已经是难能可贵，翻译中不能保持佛学的色彩，更大的可能是他对佛经的理解与研究都有限，因此对佛经中的重要教义（如精神修炼等）和深刻的哲学观念难以有正确的理解和恰切的再现。而他所发现的福音相似性，是否就是表面化和浅薄的呢？且让我们做一番考察。

（一）深层的共性

1. 《大乘起信论》

前文已述，作为大乘佛教"如来藏"一脉的代表作，同时又是融会大乘诸法流的"佛学大全"，《大乘起信论》出现在"末法"意识颇为流行的南北朝时代，它以"常住不灭"的真如提供给人信仰和希望的保障。有超越生灭的"实在"作为信仰对象，对初学大乘法者有着重要的意义。另一方面，《起信论》有着普救论的倾向（众生皆有自性清净的真如心），从信心的生起到证成，持续的全过程都是"起信"，即众生从有成佛的潜能，到实际上得救，都可用"起信"概括，"信"是度往彼岸的舟车[50]，按印顺法师的说法，就是一个信顺-信可-信求-证信的过程。对"信仰"的护持和重视是《起信论》的关切所在，"修行信心分"末段是一明证：

> "复次，众生初学是法，欲求正信，其心怯弱。以住于此娑婆世界，自畏不能常值诸佛、亲承供养。惧谓信心难可成就，意欲退者，当知如来有胜方便，摄护信心。谓以专意念佛因缘，随愿得生他方佛土，常见于佛，永离恶道。如修多罗说，若人专念西方极乐世界阿弥陀佛，所修善根回向愿求生彼世界，即得往生。常见佛故，终无有退。若观彼佛真如法身，常勤修习，毕竟得生，住正定故。"
>
> （T32n1666.0583）

黎惠伦曾从民众信仰与精英宗教之间的辩证关系的角度考察《起信论》与《占察经》[51]。《占察经》由两卷构成，第一卷叙述以"占察法"占卜三世

---

50 《大智度论·序品·如是我闻一时释论》云："佛法大海，信为能入，智为能度"。（龙树菩萨造，后秦鸠摩罗什译，《大智度论》，CBETA，大正藏，第 25 册，No.1509，第 1 卷）

51 Whalen Lai, "The Chan-Ch'a Ching: Religion and Magic in Medieval China," in *Chinese Buddhist Apocrypha*, edited by Robert E. Buswell (Honolulu: University of Hawaii Press, 1990), pp. 175-206.

善恶因缘果报，占得恶业者须以"自扑"之苦行忏罪；第二卷则是此占法的理论基础，告诫众生依"一实境界"以修信解，"速疾得入菩萨种性"。按黎惠伦的结论，《占察经》的第二卷是对《起信论》的"一心二门"进行的一个不专业的自由释义，其目的是融会并简化复杂的大乘哲学以适应大众的需求。[52]而《起信论》与《占察经》体现的共同特点则是在末法时代祛除众生的怯弱之心，建立修习大乘佛法的信心。[53]一度被判为"伪经"而遭禁的《占察经》在隋唐时代地藏信仰逐渐兴盛之后，又恢复了"信经"的地位，并逐渐传至朝鲜和日本。到了明代，《占察经》更是得到了蕅益智旭（1599-1655年）大师的推崇，其占察法被视为末法时代最为合宜的宗教教化方式，它启示了对业力的实在性的认知、对末法时代的忧患意识、以及对精神指引的合理希望。使众生相信己身皆具足"无量清净功业"而发心修行终能获得觉悟与解脱。[54]

2. 《妙法莲华经》

除了被贝尔（Samuel Beal）称为"伪基督教"作品的《起信论》以外，李提摩太还发现了另一部重要的佛经——《妙法莲华经》与基督教福音之间"奇妙的相似"。[55]由于与《约翰福音》中教导的相似性，他将《法华经》称为《莲花福音》（the Lotus Gospel）、《第五福音》（a Fifth Gospel）和《信心福音》(Faith Gospel)。[56]他说，考虑到西方普遍流行着"业力论的教义是佛教救渡论的基础"这一观点，很有必要提请大家注意一下《法华经》中的要义：

（1）开经（即《无量义经》）中关于无边的公义或永远的生命（久远实成）的开示。（2）主经《莲花福音》生命、真光和仁爱的主题告诉我们，佛教中还有远超业力论的教理。（3）结经（即《观普贤菩萨行法经》）中普贤菩萨（或普贤圣人）象征着对人的善愿。（4）全部经文都在反复宣说，人不是单凭善行得救，而是主要靠上帝之恩典。[57]

52 Ibid., p. 196.
53 Ibid., p. 179.
54 Ibid., p. 197.
55 Timothy Richard, *The New Testament of Higher Buddhism*, p. 129.
56 Ibid., pp. 129, 134, 138.
57 Ibid., p.138.

在佛教经典中，《法华经》是最受尊崇与信奉的一部"诸经之王"，也是一部重视宗教委身与信仰的代表性经典。天台智顗大师将其真意归纳为"开迹显本"、"会三归一"。

"会三归一"是《法华经》的一大特点。"会三归一"，即融会声闻、缘觉、菩萨三乘同归于佛乘，立场在引导所有人成佛，背后蕴含着"所有之人，皆可成佛"的思想。这与"三乘教"的大乘经典是不同的，也是以彼作为批判对象而主张一乘之说。如《维摩诘所说经》即主张"一切声闻，闻是不可思议解脱法门，不能解了"，又说"于此大乘，已如败种"（T14n0475.0547）。意思是说，声闻乘一得阿罗汉之悟，就有如败种，无法具有转向大乘的力量。这一类的大乘经典是一种排拒小乘，以大小为对立的大乘。而"会三归一"，不贬黜声闻、辟支乘的大乘，才是体现佛陀大悲的完全的大乘。

"会三归一"背后其实与其"信仰解脱"的思想密切相关，《法华经》对信仰的重视与强调展现一成佛之"易行道"。《常不轻菩萨品》中，常不轻菩萨见一切众生悉礼拜赞叹，而作是言："我不敢轻于汝等，汝等皆当作佛。"《方便品》中反复阐述造佛塔、佛像，礼拜佛塔、佛像即可"成佛道"。除此之外，以经卷受持而得无边功德也是《法华经》的特点之一，经中劝以经卷受持之处颇多，如《法师品》、《分别功德品》、《随喜功德品》。常云受持、读诵、解说、书写此经者"疾得阿耨多罗三藐三菩提"，"已趣道场，生菩提道树下"。可见，倡导"由信成佛"实是《法华经》的显著特色，也是《法华经》广受信奉的原因。佛塔供养、经卷受持即可成佛的根据，乃是对"我等昔来真是佛子"的自觉，而此一自觉，是因于佛陀之大慈悲。例如《譬喻品》有云："三界无安，犹如火宅。众苦充满，甚可怖畏。常有生老，病死忧患。如是等火，炽然不息。……今此三界，皆是我有。其中众生，悉是吾子。而今此处，多诸患难。唯我一人，能为救护。"极尽显证佛陀的大慈大悲之力。又《药草喻品》，以"如彼大云，雨于一切"比喻佛陀以平等无二的真实教法教导众生，众生以各自不同根器而得益。（"佛所说法，譬如大云，以一味雨，润于人华，各得成实。"）又如《观世音菩萨普门品》对他力救渡的重视，以上种种，皆展现出《法华经》独具特色的"因信得救"论。

平川彰认为，《法华经》是在凡人难以达至的依三阿僧祇劫，或依般若波罗蜜的修行而得正觉之外，别开一以"他力救渡"为特色的成佛之道。[58]

---

58 平川彰等著，林保尧译：《法华思想》（台北市：佛光文化事业有限公司，1998年），页32。

　　智顗大师将《法华经》二十八品分为前十四品"迹门"与后十四品"本门"。迹门意指"伽耶近成之佛"仅是垂迹此土的释迦佛，而本门是明佛本是久远实成的，此佛不入涅槃，常在灵鹫山，救济众生。"开迹显本"，此世无常的佛陀背后之法身才是真理，佛陀于百千万亿那由他劫以前已经成佛，佛本是"久远实成"的，"久远实成"之佛背后显示的是信徒追慕人格神之需要。佛教信仰是对真理（法）之信仰[59]，因众生希望有一超越的常住不灭的法身佛可供信仰而将佛法（真理）人格化。

　　依平川彰的结论，若以空有二系统而言，《法华经》应属"有"之系统，其倡导的"一乘"思想、"佛身常住"思想，皆是立于"实在"的基础之上。[60]此一基础，也正是与其重视"信"的思想有关，信仰以"常住不灭"的实在为对象。经题"妙法莲华"（saddharma-puṇḍarīka），以白莲花作譬喻，以莲花之微妙鲜洁、出淤不染比喻正法在世间而不着世法，平川彰认为，此"法"与"佛性"无有区别[61]。因此，《法华经》应是朝向真如或如来藏这一"有"之系统的思想发展之经典。

　　要而言之，《起信论》与《法华经》因其同为朝向真如的"有"类经典之特色而得到李提摩太的青睐。如前文分析，他从这两部经典中看到信仰、他力拯救与人格神等观念与基督教福音的相似，恐怕不能仅仅看做是"表面的相似"，其背后蕴藏着信仰中更深层而普遍的共性。在"春秋不义战"的普世对抗情境下，在清末乱世的时代背景中，他选择《起信论》与《法华经》这两部开特殊方便，能使怯懦忧虑的众生长怀信心与希望的经典来传译，不能不说有着不俗的洞见。因为这既能照顾普世拯救的情怀，又能作为沟通东西宗教的恰当桥梁。

---

59 《大般涅槃经后分·遗教品》中记载，阿难听闻佛陀将入涅槃，忧苦悲哀而白佛曰："如来在世以佛为师，世尊灭后以何为师？若佛在世依佛而住，如来既灭依何而住？"佛告阿难："阿难！如汝所问，佛去世后，以何为师者？阿难！尸波罗蜜戒是汝大师，依之修行，能得出世甚深定慧。""阿难！如汝所问，佛涅槃后，依何住者？阿难！依四念处严心而住：观身性相同于虚空，名身念处；观受不在内外、不住中间，名受念处；观心但有名字，名字性离，名心念处；观法不得善法，不得不善法，名法念处。阿难！一切行者，应当依此四念处住。"（《大般涅槃经后分》，唐·若那跋陀罗译，CBETA《大正藏》，第 12 册，No.0377）

60 平川彰：《法华思想》，页 61。

61 平川彰：《法华思想》，页 41。

（二）李提摩太的疏失

在二宗教的相通之外，当然也有许多不可通约的不同之处，李提摩太只是从《起信论》与《法华经》看到大乘佛教也是传递通过恩典得救的福音的宗教，而忽略了此一经一论都并非是纯粹的净土经典，其中有更多丰富和深刻的内容可供发掘。例如，《起信论》的拯救论就与基督教的拯救模式有很大的差别，因为它是一"从迷至觉"的拯救论。《起信论》所表达的内容，既强调觉醒，也强调信心；既讲自力修行，也讲"真如"的无边功德。其"信、解行、证"的修行阶次与"施、戒、忍、进、止观"的修行方法也是对后世东亚大乘佛学发展有重要影响的内容。而这些话题，在当代的宗教对话中，也是一主要的组成部分，依 Paul Ingram 的分类，这属于"内在对话"（Interior Dialogue）的部分，其目的是在教义的不同之外，发现基督教与佛教在经验上的相似与可模拟之处，而两宗教间的互动也可以带来对各自修道传统的革新以及加深对各自传统的认知。[62]

五、结语

由前面的分析可见，虽然李提摩太对佛教义理的理解实在算不上深刻，甚至颇有错谬之处（例如他将"三昧"译为"ecstacy"，正是铃木所批评的西方佛学界的常见误解）；在他的《起信论》翻译中，除了一些重要概念用了非常基督教化的名相以外，其余的措辞则十分随意与通俗化（例如将"五阴"译为"experience"，将"体、相、用"分别译为"nature, manifestation, power"；将"如实空、如实不空"译为"unreal, only real"；将"因、缘"译为"cause, effect"； "无明"则随上下文不同而有"inperfect notion, unenlightened state, ignorance"等诸多译名），对一些细密复杂的名相则采取简略解释而不翻译的方式。对于西方的受众，这样的通俗化翻译可能便于诠释，但却传达不出佛教思想的特色。

虽然他与佛教的"对话"远非今日意义上的宗教对话，但在他对待佛教这个"他者"的态度上，却无疑是怀着开放谦和与平等的观念所展现出来的"多元主义"。在当时殖民主义为主导的历史环境下，在战争与革命的时代看到和平与发展的主题，李提摩太可谓"孤明先发"的时代先声。

---

62 Paul Ingram, *The Process of Buddhist-Christian Dialogue*, p. 106.

一部《起信论》，成了铃木大拙和李提摩太的共同选择，他们或为了标举大乘佛教的优越性（铃木大拙），或为了建构耶佛"福音"相似性（李提摩太），虽巧合而非偶然，这正说明《起信论》这部"大乘共法"可以担当沟通和对话的媒介。巧合之外，也可以发现，他们对《起信论》的内容并未充分发掘。

接下来我们将要看到，两位译者所忽略的内容，在后世的"耶佛对话"中得到了正视。这对话正是在精神相通的基础之上进行的深层次审视而使双方得到创造性转化。

第五章 《起信论》与汉语神学

一、导言

在汉语基督教神学界，与中国传统文化之对话与互动，思考与中国本土思想文化之关系，建构汉语处境下的基督教神学，是学者之自觉的任务和使命。其中，以大乘佛教的资源或视角为素材，通过与基督教的比较来反思和讨论相关神学问题，是建构汉语神学的一个重要致思方向，亦是学者们正在进行的探索。而这其实正可上溯至李提摩太、艾香德[1]一辈传教士之工作，可谓渊源有自。

这些研究中，有学者通过比较发现，参照《起信论》之独特的思想体系，可以有助于处理基督教传统中一些聚讼千年、一直难以处理的问题。例如，参照其中"一心二门"、"不变随缘、随缘不变"等思想来诠释基督神人二性的问题，以及随之而来的人观与罪观。通过这种比较研究，指出在基督教传统中本有类似的观念，也有相当成熟的发展，只是在华人教会中未被留意，是谓"神学钩沉"。亦有学者参照大乘佛学之"三身论"，解决传统三一论中一个传统的难题，就是由希腊哲学传统而来的实体主义的形而上学对三一教义的损害。通过三身论之间的关系模型，提出对三一教义的新理解，是谓创造性转化。

---

1 Karl Ludvig Reichelt, *Truth and Traditon in Chinese Buddhism: A Study of Chinese Mahayana Buddhism*, translated from the Norwegian by Kathrina Van Wagenen Bugge (Shanghai, China: Commercial Press, 1927).

二、《起信论》与基督论

（一）基督论

在基督教教义体系中，基督论（Christology）是一个极重要的论题，这一教义论题下包括很多神学问题，如道成肉身、基督的职分、基督的牺牲及复活、"孕神者"（theotokos）等等。教会史上，在三位一体教义的大争论之后掀起的第二场大论战，就是基督论中最为深奥的问题，即耶稣基督的神-人二性的关系问题。

随着三位一体争论的解决，"耶稣基督是否神圣"这个引发争论的根源性问题也随之得到了解决，耶稣具有完全的神圣性成为了不容置疑的正统教义，一切因置疑耶稣的神圣而带来的对耶稣本身实在性的置疑也就自然消解。但是紧接着出现了另一个难以回答的问题：耶稣是实在的，那么祂的实在性具体内涵是怎样的？也就是说，耶稣基督的神性与人性究竟是怎样的关系？甚至，祂究竟有没有人性？有关这些问题的论争主导了第一次君士坦丁堡会议（公元 381 年）之后五次大公会议的议题。

早期教会关于基督神-人二性的论述主要有两大学派：亚历山大学派（Alexandrine School）和安提阿学派（Antiochene School）。在基督教神学发展早期，亚历山大学派和安提阿学派在很多问题上的观点都代表了两个不同的方向。其中最具代表性的就是在基督神-人二性问题上的差异，这一差异的来源是两个学派对于救恩的不同看法。亚历山大学派认为，要想使世人的生命被神圣生命充满，则神圣逻各斯必然要与我们的本性紧密结合，以使我们的本性成为祂自己的，从而实现神人真正完美的合一。不过与此同时，该学派又格外强调神的超越性，认为任何受造的败坏都不可沾染到神性，而人性的拯救是在基督里发生了奇妙的交换，人性得到完美的医治，而逻各斯的神性保持不变、不动；而安提阿学派则更重视人自身在救赎过程中扮演的角色，相比亚历山大学派倾向于形而上学式的拯救论，安提阿学派的拯救论更倾向伦理道德，他们认为一个人在德行上的精进正是其得救的明证。[2]

这种救恩论的差别，进一步延续到两个学派对基督神-人二性关系的立场。亚历山大学派的基督论通常被称作为是一种"道—肉"模式。就是说神圣逻

2　参奥尔森著，吴瑞诚、徐成德译：《基督教神学思想史》（北京：北京大学出版社，2003 年），页 210。

各斯只披戴（assume）了人的血肉之躯，而人性的灵魂、意志并没有参与到基督的灵魂与意志中，所谓基督的"人性"是完全被动的，其作用更多是工具性的，即为其神性提供一个寓居的躯壳，他在神圣灵魂之外并不具有另一个人性的灵魂、意识、意志的中心；安提阿学派完全不认同亚里山大学派的这种立场，相对而言，他们十分重视基督的人性，强调基督拥有完整的人性，具有整全的人性心智与灵魂，基督的人性并非被动，并非只是工具。相较于人性与神性在基督中的合一，他们更注重基督人性与神性的区别，而这也是为了表明基督的人性是积极主动的配合神性而做工，而非纯粹消极的顺从神。因此安提阿学派的基督论便被称为"道—人"模式。[3]

这两种基督论之间难免会有对立和争论，而历史上源于此二学派的两次论战促成了关于基督神-人二性的正统理论——卡尔西顿(Chalcedon)主义的形成，这两次论战就是亚波里拿留主义（Apollinarism）之争和涅斯托利主义（Nestorianism）之争。

亚波里拿留（Apollinaris）曾是亚他那修（Athanasius of Alexandria，296-373）的朋友和助手，他是一位坚定的亚历山大学派路线的践行者，他的"坚定"程度过于极端，以至于其观点最终被教会正统认定为异端。亚氏的基督论立场来自于他对基督救恩的观点，他攻击安提阿学派的学者，认为他们"不相信是神成了肉身，而接受人与神结合之说。"[4]在亚氏看来，安提阿学派的基督论只是描述了神与人的一种表面上的联合，有神性与人性相分离，出现"两个儿子"说的危险，这是对救赎极大的威胁。如果救主中的神性与人性相分离，则单从人这一方面而言，基督是没有权能救我们脱离自己的罪，不能最终使我们从死里复活的，这样的基督当然不配受我们敬拜。因此，对基督神人二性的论述绝不能有一丝可能让神性与人性分离，不能让基督的神性受到一丝伤害，这成为亚波里拿留基督论的根本出发点，他由此发展出一套极端的"道—肉"模式基督论。

"背负肉身的神"、"神成了肉身"、"女人所生的神"是亚波里拿留常用来称呼基督的用语。[5]他认为道成肉身是一个以人的形式呈现出来的统一体，

---

3 同上，页212。

4 转引自凯利著，康来昌译：《早期基督教教义》（台北：中华福音神学院出版社，1984年），页198。

5 转引自凯利：《早期基督教教义》，页199。

是由无痛感的神性与有痛感的肉体组成，祂只有一个本性。肉体并不足以构成一个完整的性质，如果要能独立自成为性质，那就还要与灵魂结合从而获得真正的生机。但是人的灵魂是会犯罪的，因此在基督里，与肉体结合的并非人之灵魂，而是神圣逻各斯的灵魂，二者之中肉体是被动的，而灵魂则是能带来生命与运动的，所以作为神的基督只是"成为人的样式"、"好像人的样子"，[6] 在祂里面并没有一个独立于神性灵魂的人性灵魂。所以基督只有一个本性，即道（Logos）的本性。

亚波里拿留的这套基督论学说遭到正统派的猛烈批判，他的主要理论都受到反驳。他所主张的"基督被神化的肉身"被斥责为幻影说；他所坚持的人性灵魂会带来罪也被认为过于独断；而他所主张的基督只是"成为人的样式"、"好像人的样子"虽说来自圣经，但是他的解读方式也明显与福音书对基督的描述不相容；[7] 当然，最严重的还是卡帕多西亚教父（Cappadocian Fathers）[8] 对他这种基督论在拯救方面重大纰漏的揭示。纳西昂的格里高利指出："没有人的魂就不能做恢复的工作，与神结合的才能得拯救。"[9] 尼撒的格里高利则主张："因着基督与我们完全相同，祂才能借着自己把人与神相结合。"[10] 卡帕多西亚教父将人之成神（deification）视为拯救的核心，而神圣逻各斯的道成肉身，具备完整的神性与人性在其自身内，对成神的实现具有至关重要的作用，正是在基督中那与我们无异的人性与神性实现了完美的结合，才使得世间每一个具有同样人性的人都有可能最终与神合一，得到终极的拯救。而亚波里拿留的学说则将基督的人性彻底"阉割"掉，这无疑是堵死了人通向上帝的得救之门，在根本上背离了基督教信仰的宗旨。最终，亚氏的基督论在君士坦丁堡会议上被谴责，判为异端。

亚波里拿留之遭谴使得亚历山大学派的基督论受到重创，但这并没有使该学派彻底消沉，他们一直与安提阿学派的基督论保持着对抗，[11] 并伺机重振

6　转引自凯利：《早期基督教教义》，页 200。

7　参凯利：《早期基督教教义》，页 202。

8　卡帕多西亚教父（Cappadocian Fathers），即公元四世纪活跃于小亚细亚卡帕多西亚地区的大巴希尔（Basil the Great, 330–379）、纳西昂的格里高利（Gregory of Nazianzus, 329–389）和尼撒的格里高利（Gregory of Nyssa, c.332–395）。

9　转引自凯利：《早期基督教教义》，页 202。

10　同上。

11　参冈萨雷斯著，陈泽民等译：《基督教思想史》（南京：译林出版社，2008 年），页 336。

本学派声望，涅斯托利主义之争是一次关键的转折。

公元 428 年，继承安提阿学派道统的涅斯托利（Nestorius，386-451）成为君士坦丁堡宗主教。这场纷争的导火索是涅斯托利对"神之母"（theotokos）这一名号的质疑。在涅斯托利刚刚担任宗主教时，有人要求他宣告，称圣玛利亚为"生神者"（God bearer，准确的翻译应是"负载神者"）是恰当的。[12]但他拒绝做这样的宣告，认为必须加上"生人的"这一称呼来加以平衡才是恰当的，[13]这一立场也是安提阿学派的传统。不但如此，涅斯托利还反驳与他观点相左的人说：神不可能有母亲，受造物不可能生出造物主，"神之母"这样的称呼明显是受到亚波里拿留主义影响生出的。

涅斯托利的这些观点一经提出便引发争议，亚历山大的区利罗（Cyrillus Alexandrinus，376-444）指责涅斯托利的观点是赤裸裸的"二子论"，称其错误的将基督分裂为神、人两个位格，很快，涅斯托利便背负上异端的罪名。区利罗的这些指责带有误解和夸大的成分，上世纪初发现了涅斯托利自我辩白的文献（Book of Heraclides），全面反映出涅氏基督论立场的原貌。作为一位彻底的安提阿派，涅氏的原则十分明确，即在道成肉身的基督里，神-人二性完美结合，各自并不改变，也不混淆。他认为道成肉身并不会使无痛感的神性有任何改变或受苦，所以他不认同区利罗的"神圣逻各斯—本性成人"的说法，认为其在性质上实现的"身位合一"有神性受苦之嫌。另外，涅氏主张，基督具有一个真正且完整的人性生命对拯救来说至关重要，即作为一个真正的人经历成长、受试探、最终受难。因为如果救赎是有效的，那第二亚当就首先得是真人，所以人性必须与神性在基督内共存，而不能由神性替代人性，或人性只充当工具和躯壳。[14]容易引起误解的是涅斯托利对"位格"概念的使用，首先，他对这一词汇的用法不甚严谨，有时他说基督只有一个位格，有时他又肯定基督里有两个位格，因此反对他的人常抓住这个把柄攻击他。而具体考察涅氏的"位格"用法我们会发现，在他谈到两个位格时，他是在"本性的位格"意义上使用的，在这里涅氏认为任何一种本性要想构成一个完整的实体，就得以位格的形式表现出来。基督里的神人二性并没有融合成为第三种本性，因此两者必具有位格，所以两个位格的说法，目的还

---

12 凯利：《早期基督教教义》，页 214。

13 同上。

14 参凯利：《早期基督教教义》，页 215。

是为了突出两性各自拥有清晰的边界，不相越界、不相混淆。而涅氏说的一个位格，则是之"合一的位格"、"共同的位格"，即三位一体中的第二位。[15]

从上面可以看出，涅斯托利的主张除了某些方面的论述不够严谨外，并没有十分明显的异端之处。但是反对者并未仔细考察他的辩解，公元 431 年涅斯托利在以弗所会议上被革职、谴责，判为异端。[16]

但是这次会议以后，教会内的观点之争反倒越发激烈，区利罗的追随者中也出现了"一性论"的异端，所以在 20 年后的迦克顿会议（Council of Chalcedon，451 年）上又对基督的二性问题作出讨论，并最终确立了在基督本性与位格方面的正统教义，其主要内容被整理为《迦克顿信经》（Chalcedonian Creed）：

> "我们跟随圣教父，同心合意教人认识同一位子，我们的主耶稣基督，是神性完全、人性亦完全者；他真是上帝，也真是人，具有理性的灵魂，也具有身体；按神性说，他与父同体；按人性说，他与我们同体；在凡事上与我们一样，只是没有罪；按神性说，在万世之前，为父所生；按人性说，在晚近时日，为求拯救我们，由天主之母（theotokos），童女玛利亚所生；是同一基督，是子，是主，是独生的，具有二性，不相混乱，不相交换，不能分开，不能离散；二性的区别不因联合而消失；各性的特点反得以保存，会合于一个位格，一个实质之内；而非分离成为两个位格，却是同一位子，独生的，道上帝，主耶稣基督；正如众先知论到他自始所宣讲的，主耶稣基督自己所教训我们的，诸圣教父的信经所传给我们的。"

自此，"同一位格"中二性"不相混乱，不相交换，不能分开，不能离散"就成为界定基督内神人关系的标准措辞，后世罗马天主教会，东正教会，圣公会，以及新教教派中的主要教会都接受其为正统教义。

（二）如来藏与基督论

围绕着"迦克墩信经"所提出的基督内神人二性的"不相混乱，不相交换，不能分开，不能离散"的关系，基督教内部历史上产生了各种驳杂繁复的流派与学说。面对这一玄妙难测的教义，如何使其在汉语基督教世界得到

---

15 参冈萨雷斯：《基督教思想史》，页 344。
16 同上，页 338-340。

融贯的理解，是学者正在进行的努力。汉语神学界有学者尝试以如来藏思想帮助疏解基督论，以期推进对传统基督论的中国化理解。

例如邓绍光与赖品超就如来藏思想与巴特的基督论之比较有过一番讨论。此次论辩从赖品超一篇文章〈从大乘佛学看迦克墩基督论〉[17]始，邓绍光随即发表〈从天台宗佛学看巴特的基督论〉[18]，对如来藏思想用于基督教神学表示了质疑。赖撰文〈罪身、罪性与如来藏——一个基督式人类学的探讨〉[19]对此作出回应。

1、赖文〈从大乘佛学看迦克墩基督论〉中，通过对基南（John P. Keenan）所提出的大乘神学[20]的反思，认为如果要在汉语神学中进一步发展大乘神学，尤其是大乘基督论，如来藏思想比唯识学更值得尝试。

此文讲到，汉学家谢和耐（Jacques Gernet）曾经提出，基督宗教的神学思想之所以与中国文化格格不入，其中很根本的一点是实体、存在等概念在中国的语言和思维模式中的阙如。因此，迦克墩会议中所定下的信仰条文，尤其是其用实体式的语言和概念（如 hypostasis, ousia, propsopon, substantia, persona）来表达的基督论，不仅会造成翻译上的困难，更会成为基督宗教在汉语处境传播的一个障碍。有不少华人教会的学者也提出类似观点，对实体式的概念进行批判，主张以关系范畴来表达基督信仰，这些批判都指向信经的用语在汉语处境下的有效性问题。在西方神学界，也有过许多对实体式的语言概念和思维方式的质疑，而他们的解决方案，是用过程神学的概念去重构基督论。

不过，赖品超提出，要在汉语处境中解决这个问题，一个另类的出路可能是利用大乘佛学的概念。他引出了通晓佛学的神学家基南（John P. Keenan）的研究。基南认为，西方基督教传统一直未能将其密契思想家与其教义性的、

---

17 赖品超：〈从大乘佛学看迦克墩基督论〉，《辅仁宗教学研究》2000 年第 2 期，页 231-262。

18 邓绍光：〈从天台宗佛学看巴特的基督论〉，《中国神学研究院期刊》第 34 期（2003 年），页 121-137。

19 赖品超：〈罪身、罪性与如来藏——一个基督式人类学的探讨〉，原刊《中国神学研究院期刊》第 35 期（2003 年 7 月），页 209-229。重刊于许志伟主编：《基督教思想评论》第 5 辑（上海：上海人民出版社，2007 年），页 242-254。

20 John P. Keenan, *The Meaning of Christ: A Mahayana Theology* (Maryknoll, N.Y.: Orbis Books, 1989).

理论性的思考有机地结合起来，这与希腊化是很有关系的。希腊思想并非是唯一可以理论化表达基督教信仰的模式，而且随着时代文化的变迁，希腊化的思想对当代西方人已经很有问题。他指出，在解决密契与理论之间的脱节这一问题上，大乘佛学正好可以提供帮助。他认为，"龙树的中观思想与无著的瑜伽行派思想，能帮助基督教神学重新将密契传统回复至中心性的地位，而又能安立理论化的系统"[21]。"大乘佛教的思想是对一切本体论与形上学的解构，……有助深化基督教对福音之洞见。"[22]基南提出了对迦克墩信经的批判，他指迦克墩信经的困难，在于它所使用的既定概念架构是以人性与神性为互相对立。而大乘思想提醒我们不一定要被迦克墩基督论所藉以展开的哲学本体论所制约。基南依大乘哲学的"空"、"缘起"、"二谛"三观念来阐述他大乘基督论的构想。不过，对于基南的重瑜伽行轻如来藏的做法，作者则提出了新的看法：首先，在大乘佛教的根据地东亚地区，盛行的不是中观或唯识，而是净土与禅；其次，对西方基督宗教来说，要有机整合理论言说与神秘经验，可直接透过复兴东方教父中的黑暗秘契传统，而不一定要间接地借助大乘佛学的观点；最后，比起西方处境的基督宗教，大乘神学的企划恐怕在汉语处境的基督宗教而言更见其意义。因此，在华人处境中建立大乘神学，可能如来藏的思想，比起中观及唯识思想更具参考价值。[23]

　　由此，赖品超提出由大乘佛学重新检视迦克墩信经。信经中的四否定："不相混乱，不相交换，不能分开，不能离散"对基督神人二性的规定，正像《中论》的"八不中道"[24]一样肯定了语言的局限性，其所用的哲学概念基本上都是隐喻。[25]信经虽采取了本体论式的进路，但在其背后有着一种非常动态的观念，可以说是以希腊化的字眼与概念表达出来的非常不希腊化的基督论。可见，实体式的语言也可以表达非实体式的观念，语言只是工具，我们不必过分执着于语言类型之间的虚妄分别。

---

21 Keenan, *The Meaning of Christ*, p. 123.转引自赖品超：〈从大乘佛学看迦克墩基督论〉，页240。

22 转引自赖品超：〈从大乘佛学看迦克墩基督论〉，页241。

23 赖品超：〈从大乘佛学看迦克墩基督论〉，页252。

24 龙树：《中论·观因缘品第一》："不生亦不灭，不常亦不断。不一亦不异，不来亦不去"。

25 赖品超：〈从大乘佛学看迦克墩基督论〉，页256。

其次，迦克墩信经的实体式语言也并未造成人性与神性的对立。在基督宗教与中国文化相遇的过程中，它往往被认为是提倡由原罪论而衍生出来的性恶论。但是，这种诠释是值得商榷的。迦克墩信经讲，基督"按神性说，祂与父同质（homoousios）；按人性说，祂与我们同体，在凡事上与我们一样，祇是没有犯罪"。作者引证了巴特的阐释，真实的人性是由基督的人性去规范和定义，而不是由一般人的行为中所呈现的所谓人性去推断基督的人性。这种基督论式的人观所指向的是，真实的人性是在基督里与神合一的人性，神性与人性并非二元对立而是可以合一的。[26]这样的诠释，是与孟子一系的儒家以及如来藏思想比较接近的，按此进路，耶稣基督可以被诠释为成神/成佛/天人合一的理想的成全或具体呈现。这样的解读不仅可能更符合早期基督宗教神学家的理解，而对于基督教在华的本色化，也可以有很正面的意义。

2、邓绍光在其文〈从天台宗佛学看巴特的基督论〉中提出质疑，认为要建构大乘基督论，如来藏并非最恰当的架构，而唯识古学（真谛所传）和天台宗是更为合适的哲学架构。因为《大乘起信论》为代表的如来藏系统的"真如心"是一个"超越的主体"，是纯然清净的，这是一种不符合佛法精神的逻各斯中心主义的哲学。以此来疏解的基督论，就会出现基督的本性乃纯然清净的，其生死流转的人性只是"心真如随缘"的表现，如此有流向幻影说之嫌，对基督的人性和罪性缺乏肯定。而唯识古学是一套"圆教式的知识论"，天台宗学说是一套"圆教式的存有论"，二者所讲的佛性都是"非净非不净"的，以天台宗的术语来讲，就是"一念无明法性心"，在此境界下，显出"涅槃与世间，无有少分别；世间与涅槃，亦无少分别"[27]的妙用和精神。以此来建构大乘基督论，则可诠释基督取得的人性是有罪的人性。基督的神人二性统合于一个位格之内，若其中的人性是有罪的，就正可对应唯识古学的非净非不净的佛性及天台宗的"一念无明法性心"。

邓文认为：（1）在存有论的结构上，基督的神性和人性（罪性），对应天台宗哲学中一念心所具的无明和法性。

（2）基督位格中神性和罪性的关系：人性与神性之间是"非实体——在实体"（anhypostasis-enhypostasis）的关系，二者不隔不离；其中的人性是堕

---

26 同上，页 259。

27 龙树：《中论·观涅槃品第二十五》，鸠摩罗什译，《大正藏》第 30 册，CBETA，No. 1564 。

落了的人性，即罪性。从巴特基督论出发，借用天台佛学法性与无明的吊诡结构来理解基督的神性与罪性的关系。迦克墩信经所认信的基督神人二性是"不相混乱、不相交换；不能分开、不能离散"的，巴特基督论乃由此承继而来。当巴特说基督的人性是非实体的，并不表示神性为实体。只有神性与人性合一的位格才是实体，基督的人性须在这合一的实体中，才能获得自身的实在性。而且，基督的人性并不以其神性为根据，否则就会造成排斥罪性的结果。在这里，神性与人性的关系既不是黑格尔式的可以相互过渡而成辩证的综合，也不是康德式的以神性为人性的存有论基础，从而在超越的层面决定人性是纯粹无罪的。神性与人性皆是无本，而以道的敞开性为本。因此，出现了这样一种吊诡的表述：道乃无本之本，道作为本乃是无本，本是无本。只有在无本之中，神人二性才能被联合起来而不失其差异性，二性更是无自体而在联合之中获取其存在。

（3）这神人二性与天台哲学有着相似的结构："法性即无明，法住无住位；无明即法性，无明无住处。（湛然大师语）"其中，法性与无明相依体同，正好比在无本的联合中，不是离人性而别有一抽象的神性，也不是离神性而别有一抽象的人性，二者总是在联合之中各自获取其自身的实在性。

（4）巴特所持的基督论，其实是神性与（人的）罪性联合于一个位格。基督道成肉身所取得的人性是亚当堕落后的人性，而从拯救的角度来看，克胜人性中的罪恶即天台宗所谓"除病不除法"。之所以可以用天台宗的"一念无明法性心"来理解巴特的基督论，是因为此一念心中同时包含法性与无明，无明与法性均非自住，而住于无本，这就是佛性以一种开放的无本状态而使法性与无明均备于其中。因此，可以此为参照系，说巴特的基督位格是无本的，这样才能容许神性与罪性处于吊诡的同一当中。从拯救的角度看，天台佛学是"不离烦恼，即烦恼而菩提"，华严宗则是牟宗三所谓"缘理断九"的"烦恼去尽，方证菩提"。邓绍光按天台智顗大师化法四教的判释，认为这就是圆教与别教的分别所在。天台圆教的涅槃是除病不除法的，要去除的只是迷执而不是存在物。以此而论，巴特的基督论也属圆教的基督论，因其以人的罪性为基督的存在结构，因着这罪性，祂才是一个在世的存有而可以拯救世界。当然，基督是有罪性而不犯罪。在基督里要去除的只是罪，而不是人性。基督克服了人性与神性的对立，不过不是消融了这对立，而是超越了这对立，祂在自己的位格内并没有如亚当般犯罪，祂去除了罪，却没有去除人性，达到了除病不除法的圆教境地。

邓绍光以天台佛学的"一念无明法性心"为参照系，提出巴特基督论要处理的是上帝与人的对立问题。如此，则上帝与人的关系类似于基督中的神性与人性的关系，这是巴特基督论所具有的拯救论向度。在基督里罪被克胜，人性与神性和好；藉此人也与上帝和好，上帝与人是在敞开的无本之中消除对立、去除罪与病。

3、赖品超对此的回应见于：〈罪身、罪性与如来藏——一个基督式人类学的探讨〉[28]一文。作者指出，其在〈从大乘佛学看迦克墩基督论〉一文中所建议的是：若要在汉语处境中发展大乘神学，如来藏思想可能更值得注意。但并未落实到用如来藏思想疏解基督神人二性的问题。不过，邓文所担心的如来藏思想容易引致神性与人性互换的问题是有道理的。因为，按如来藏思想来发挥，很容易由"心佛众生三无差别"的讲法发展出人的灵即是神的灵的路子，其差别仅在于一念迷觉，这样容易抹煞人性与神性、人的灵与神的灵之间的差异性。

赖文主张的是以如来藏思想来理解人性论的问题，也就是基督的人性与一般人的人性之间的问题，而非基督的人性与神性二者之间关系的问题。因为按如来藏思想，讲的是一切众生皆有的佛性，放在基督论的脉络中，则只能指向基督与所有人所共享的"人性"。

按迦克墩信经所言："按人性说，祂与我们同体，在凡事上与我们一样，只是（祂）没有犯罪"。所以，与此相关的问题是，如何理解这"与我们一样"的人性，是由基督的人性来了解和定义一般的人性，还是由日常生活中经验的现象的人性去定义基督的人性？作者说，在这一人性论问题上，如来藏是值得探讨的。

作者接下来做了几点澄清：（1）如来藏并非一个单一的传统，由如来藏引申出来的对佛性的讨论，无论是在印度还是中国，都有诸多流派进行发挥，很难一概而论。而邓文是集中在《起信论》进行讨论。（2）如来藏思想是否是一种"逻各斯中心主义"的超越主体的哲学？这需要小心界定以避免误导。作者引证《胜鬘经》所说"厌苦欣涅槃"来说明如来藏所说的自性清净心是一有主动"清净"能力的"众生心"，这样的清净心并未从经验上否定众生是处于堕落的境况。如《起信论》所讲"一心开二门"是指此一众生心包含"真

---

28 赖品超：〈罪身、罪性与如来藏——一个基督式人类学的探讨〉，重刊于许志伟主编：《基督教思想评论》第5辑（上海：上海人民出版社，2007年），页242-254。

如"与"生灭"二门，二者不相离。如来藏思想对佛性的肯定并未否定经验中的恶或烦恼，而是讲烦恼染污是无实质的，因此可以被遣除。如来藏本质上是清净的，是作为众生能成佛的一种超越的根据，而非经验的考察。作者说，这也是如来藏传统经典中强调"信"的原因。（3）如来藏的"藏"本义为"胎藏"，亦即一种潜能。此潜能作为内因，它的实现要依靠作为外缘的"正闻熏习"，也就是佛学中常说的"因缘具足方能成办"。所以如来藏思想对众生有佛性的肯定，并不表示现实中众生心时刻都是清净的，更不表示如来藏是一超离现象之外的实体。它是"随缘不变，不变而随缘"的，即是说，此清净心是可生灭流转的，只是在超越的本质上其清净性不受破坏。

由此，以"心真如随缘"来疏解基督论，并没有否定基督的肉身，反而是对基督的人性作出更彻底的肯定，因肉身的存在正是一种随缘生灭的有限的存在。正如基南所指出的，以缘起论讲基督，正可以反映祂作为完全的人，是同样置身于人类历史的偶然性之下，甚至无法逃出业报之外。由"心真如随缘"，可以建立一种更为动态的基督论、人性论及拯救论，既肯定现实中的罪，更肯定克胜罪恶的盼望。

由此，作者提出了一个重要的论述：基督所取得的是罪身还是罪性？在邓文中，往往将"罪性"视为"人性"的一部分，基督取了的人性是有罪的人性。作者提出，对于邓文中要处理的基督的存有结构的吊诡性的问题，用"罪身"（sinful flesh）比用"罪性"（sinful nature）更合适。一方面，基督取得的是"罪身"这一说法有着圣经和神学传统的根据；另一方面，用"罪性"一词会引起一些问题。作者引证了神学家艾云（Edward Irving）的论述，肯定基督所取得的是有罪的身体，此罪身既包括物质的身体（body），也包括属人的魂（soul）。不过基督的存有并非由其罪身来界定，而是由内住的圣灵界定；在圣灵的能力下，人可以克服罪恶。这样就设定了一种对基督人性的动态的理解乃至动态的人观。作者提出，在艾云的人观中，也有一种"不变"与"随缘"之间的吊诡性结构，也就是传统所讲人是由"尘土的身体和从上帝而来的灵"组成。一方面，人之被造，是一待缘的存有（being-in-dependence）。亦即，人是一直都处于被塑造的过程中，唯有依赖圣灵，人才能获得其完全的人性；另一方面，人性也有不变的一面。人是按上帝的形象被造的，就其本质而言，人是如上帝般神圣与洁净的。即是在堕落的境况里，人仍有由上帝而来的能力可克服罪恶。罪与恶，是没有实体的，以佛教的说法，就是无自性，就是"空"。因此，作者提出，在艾云的基督论及人观中，用"罪身"比"罪性"更准确。因为，罪并非人性之不可或缺的部分，并且罪也是没有自性的。艾云所肯定的是，基督所取得的是一个有罪之人的罪身，只是祂没有犯罪，也没有任何罪恶。用"罪性"一词容易使人联想到基督也有罪恶，因为"性"字有着本质、本性等形而上学的含义；而如果用"罪身"，则更能确定其现实意义（肉身及随之而有的种种属人的现象）。

在邓文中，常用"罪性"一词来谈论基督的"人性"，如此将引出许多问题。其一，迦克墩信经只明说基督有人性，并未说基督有罪性，且强调基督并没有犯罪。其二，用"罪性"谈论基督的"人性"时，是否意味着二者是可以互换的同义词？还是"罪性"是"人性"的一部分？若如此，则基督的"人性"又可细分为多少性？

由于基督论所要讲的基督，是昔在、今在、未来永在的基督，天地万物都要在基督里同归于一，所以祂的罪性就不可能是其人性中不可分割的一部分甚或罪性就等于人性。基督的拯救要终极圆满，就不仅要使人得到在时间上永无穷尽的生命，也要去除罪性使人得到永不再犯罪的生命。所以，作者得出一点结论：基督所取的是罪身，而"罪身"并非人性本质上的必要组成部分。罪是无自性的，罪是对人性的染污、扭曲、破坏、压制，罪之被克服，是可以在不损人性的情况下被去除（除病不除法），罪之被克服，正是人在圣灵的能力下克胜罪恶，是人性的成全与展现。由此正可以发展出一种对人性的动态的理解，这样的人观，并不是由日常现象去谈的人性，而是由基督身上所彰显的人性和潜能去论述。

最后，作者梳理了邓文中提出的以天台佛学"一念无明法性心"来发挥基督论的说法，认为此一说法仅能说明道成肉身中的吊诡性结构，但用在今在以及终末的基督，则甚有局限。因为从中国佛教的判教论来讲，华严与天台依不同的原则有各自的判教，如何方是圆教，并没有一个普遍认同的公论或共识。按唐君毅的说法，天台之圆，强调即九界而成佛，属救法之圆；华严之圆，则在其一真法界，为终末之圆、所证境界之圆。作者认为，此乃两种范式（paradigms）之间的冲突，并不能随意进行通约与判量。在解释道成肉身时，天台宗的不断烦恼而成佛也许是合适的应用，然而在重视终末的基督教来说，华严的圆教义也有其可用之处。

（三）小结

笔者认为，首先，若要以天台哲学"理具三千"，"一念无明法性心"作为合适的参考对象，则只能放在从存在论角度看人的修行这一方面。在这里"理"既是内在的佛性亦是超越的真如，所谓"三千在理，同名无明；三千果成，咸称常乐"[29]，强调真如与生灭现象的一体性，唤起人得解脱的信心，确属救渡论上的圆。至于《起信论》之众生皆有的"如来藏真心"，是对众生之可能性的一种确定，一切都要靠众生在自己面向未来的生命历程中不断修行来做最后的结论，它是一个动态过程的内在动力，而非静止的对当下存在做一本质性的规定。因此，不可遽谓之为"违背佛法精神之逻各斯中心主义的哲学"。关于真如的性质，本文第二与第三章也已经有过论述，此不再赘。

其次，邓绍光虽然反对以如来藏思想建构大乘基督论，但他提出以天台宗"一念无明法性心"的概念疏解基督神人二性的关系，事实上仍旧是在如来藏系的思想范围内，甚至与他所认为的"逻各斯中心主义"的《起信论》有着紧密的联系。龚隽曾详细论述过天台教学与《起信论》之关系：唐代天台宗荆溪湛然大师（711-782）为了振兴天台与华严宗抗衡，对《起信论》"真如随缘不变"思想进行了与华严不同的阐释与发挥，他以天台性具善恶来解释"真如随缘"，论曰《起信论》之一心摄世间出世间法，即是一心本具十界三千世间法。[30]

再次，邓绍光的论述是从天台哲学来考察基督的神人二性，以及从基督论出发谈人性，这涉及本体论角度，所以，这时如果用"一念无明法性心"来讲基督的人性与神性处于吊诡的统一，则容易出现赖品超指出的基督本质上有罪性等误导。这正如印顺法师对天台说之批评："然以学者不能正解经意（《起信论》之"一切世间生死杂染法皆依如来藏而有"——笔者注），即误解为'如来藏自体有一切世间生死法，不但具足清净功德法了'。天台宗的性恶说，可说即是这样的见解。"[31]赖文则明言是"基督论式的人类学探讨"，这样所讨论的人性论是直指本体论的，因此，从《起信论》的"心真如随缘"方才能恰切表达"真实的人性是由基督的人性去规范和定义，而不是由一般人

---

29 荆溪湛然，《十不二门》，CBETA，T46，No.1927，页703。

30 参考龚隽：《〈大乘起信论〉与佛学中国化》第六章第二节〈《起信论》与天台宗〉，页158-162。

31 印顺：《大乘起信论讲记》，页295。

的行为中所呈现的所谓人性去推断基督的人性"，"心真如随缘"既在超越层面保证了众生与上帝合德[32]的盼望，同时又可对基督既是完全的人又是完全的神作出更为彻底的肯定。

另外，章雪富曾提出一个回应，认为赖文是依据内在三一的神学规范诠释迦克墩信经，重点在体现位格间关系；而邓文是经世三一的视角，重于救赎论之"为我们的上帝"（God for us），从基督论的神人二性之"无本之本"诠释基督的主体性。[33]笔者以为不然，赖文以《起信论》之"一心开二门"来讲基督的人性与一般人的人性之间的问题，正是有着救赎论的重大关切。[34]而邓文以"一念无明法性心"疏解基督神人二性间的关系，却恰恰有违背迦克墩基督论"不相交换"之原则的危险。邓文中参照天台学，认为基督的神性与人性皆是无本，在无本中，神人二性才能被联合起来而不失其差异性。

按天台学中，智顗大师定义"一念无明法性心"曰："无明法性十法界即是不可思议一心，具一切因缘所生法"[35]，并常以《维摩诘所说经·观众生品》之"从无住本立一切法"解释"一念无明法性心生一切法"。牟宗三说，"无住"是遮诠字，它并不表示真有一实体为诸法所依止，而是要显示诸法无自性。到天台智顗，便将"无住本"分为法性与无明两方面，进而说法性无住即无明。从无明可立一切法，从法性亦可立一切法，总说则是"从一念无明法性心立一切法"。[36]到荆溪湛然，对"无住本"的解释又加深了一层，他在《法华玄义释签》中说：

> 云"从无住本立一切法"者，无明为一切法作本。无明即法性，无明复以法性为本，当知诸法亦以法性为本。法性即无明，法性复以无明为本。法性即无明，法性无住处；无明即法性，无

---

32 "合德"一词见于赖品超对东正教拯救观的论述，源自《彼得后书》1:4"得与上帝的性情有份"。参考赖品超：〈超越者的内在性与内在者的超越性——评牟宗三对耶、儒之分判〉，收入刘述先、林月惠主编：《当代儒学与西方文化：宗教篇》（台北：中央研究院中国文哲研究所，民国94年），页81。

33 章雪富：〈迦克墩信经的诠释与基督的罪性：评述邓绍光与赖品超之间有关「耶佛」对话的讨论〉，《山道期刊》第15期（2005年6月），页107-124。

34 从如来藏思想引出的人性论与救赎论详本文第七章。

35 智顗：《四念处》，CBETA《大正藏》第46册，No. 1918。

36 牟宗三：《佛性与般若》，页676。

明无住处。无明法性虽皆无住而与一切诸法为本，故云"从无住本立一切法"。[37]

湛然把"无住本"分为"法性无住"和"无明无住"，这相即相入即显示无明与法性非异体。"法性无住"是说"法性一骨碌即是无明"，"无明无住"是说"无明一骨碌即是法性"。不动无明而言法性，不动法性而言无明，法性无明在"不断断"中相即为一，就成了"一念无明法性心"，此"一念无明法性心"即具十法界。[38]

《维摩诘所说经》中说："无明即是明，当知不离无明而有于明。如冰是水，如水是冰。"依天台宗性具的义理，无明与法性的关系正如结水成冰，融冰成水，水外无冰，冰外亦无水，无明之当体即是法性，离无明更无法性。智颛《摩诃止观》卷第六下中云：

> "问：无明即法性，法性即无明。无明破时，法性破不。法性显时，无明显不？
>
> 答：然。理实无名，对无明称法性。法性显，则无明转变为明。无明破则无无明，对谁复论法性耶？
>
> 问：无明即法性，无复无明，与谁相即？
>
> 答：如为不识冰人，指水是冰，指冰是水。但有名字，宁复有二物相即耶？如一珠向月生水，向日生火，不向则无水火。一物未曾二，而有水火之殊耳？"[39]

智颛认为，"理实无名"，但为方便教化众生而有无明与法性之别，无明与法性只是因为众生的虚妄分别而成相对关系，一念迷即成无明，一念觉即是法性。无明与法性的相对只是相对施设，无明与法性当体皆无自性，毕竟空，故无明即法性，法性即无明。

可见，以天台哲学之"一念无明法性心"来疏解基督的神人二性间关系，虽然可以较为圆融地说明二性吊诡的联合，但由"法性一骨碌即是无明"，"无明一骨碌即是法性"，如水结成冰，融冰成水，岂非是说基督的神性与人性是互相过渡互相交换，其间的差别也仅仅是"相"上的差别？而这也正是邓文所担心的以如来藏架构基督论会导致神性与人性互换之隐患。之所以会出现

---

37 荆溪湛然：《法华玄义释签》卷第十五，CBETA《大正藏》第 33 册，No. 1717。

38 参牟宗三：《佛性与般若》，页 611-612。

39 智颛：《摩诃止观》，CBETA《大正藏》第 46 册，No.1911。

这一危险，是因为邓绍光所倡议的真谛所传之唯识古学与天台宗哲学都与如来藏学有着脱不开的关系。按，真谛所传"唯识古学"，是依于其翻译的无著之《摄大乘论》以及世亲的《摄大乘论释》。[40]《摄大乘论》是印度大乘佛教瑜伽行派的重要著作，印顺法师认为，真谛的翻译是不够忠实的，但在思想上有独到之处：一、他糅合了《宝性论》的如来藏说与瑜伽学的阿赖耶说，在翻译《摄论》和《释论》中处处引入如来藏说，以瑜伽学的术语去解说、比附、充实如来藏学。[41]二、真谛解说阿赖耶识有二性：与杂染法互为因果的"果报（vipāka）种子"性，以及清净的"解性"。这是综合异熟一切种的阿赖耶识为一切法依止的瑜伽学系以及如来藏为依止而有生死涅槃的如来藏系之学说。[42]真谛所传的唯识学以"九识"为特色，第九阿摩罗识（amala-vijñmna，意译为无垢识）是清净的、无烦恼的，是常住的永恒真理，是圣道的根本。因阿赖耶识是染、净混合体，染污部分全灭，阿赖耶识即灭，阿赖耶识灭后即证阿摩罗识。[43]可见，这依旧是以真如为主体的一元论，"阿摩罗识是真如的异名"[44]，要想斩断其与如来藏的关系恐怕太过武断。

最后，笔者认为，邓、赖二位的根本分歧，可能在于对人性的看法取了原罪的立场还是取了"人是按上帝的形象被造的"之较为乐观的立场，因此导致对基督之人性究竟是本质上即败坏的人性，还是"心真如随缘"的有限存在之人性的看法分歧。

不过章雪富的论述也正好指出，在基督教中，基督论是与三一论的教义紧密相关的。本文第三章曾经讲到，铃木大拙以"三身论"为《起信论》三大主题之一，认为这是大乘佛教最为鲜明的特点，是宗教意识对终极实在（或信仰对象）人格化、对无限慈悲与无限智慧具体化之永恒需求与缘起性空的基本教义之间矛盾的完美解决。[45]接下来，我们将要看到，后世正有学者参考三身论，看到了三一论之困难的解决之道。

---

40 参考韩廷杰：《唯识学概论》（台北：文津出版社，民国 82 年），页 102。

41 参考印顺：《如来藏之研究》（台北：正闻出版社，民国 70 年），页 208-211。

42 同上，页 211-212。

43 参考韩廷杰：《唯识学概论》，页 116-121。

44 印顺：《如来藏之研究》，页 230。

45 D.T. Suzuki (tr.), *Asvaghosha's Discourse On the Awakening of Faith In the Mahayana*, p. 44.

三、"三一论"与"三身论"

(一)三一论

作为基督教的核心信条和教义，三一论一直被奉为整个基督教信仰及教义体系中的至高奥秘。这一教义中一而三、三而一的思想与基本的形式逻辑相冲突，因此三一论时常受到其他一神教以及世俗理性主义者的抨击。但是考察这一教义在历史上的形成过程，则可以发现这种辩证、吊诡的思想是基督教信仰群体在真切的信仰实践中逐渐发展出来的，带有深沉的生存论关切。

三一论教义的最初出现，是为了表述基督教信仰对象的问题，即整合"一"与"三"的冲突。其中，"一"代表对独一真神雅威的信仰，这一从犹太教直接继承而来的传统一直占据基督教信仰的核心位置，也被基督徒视为自己身份认同的关键因素。"三"则代表的是自早期教会时起就在基督教信仰生活中具有重要的三个角色，即父、子、灵。此三者在基督教信仰生活中有着重要地位，在《新约圣经》中，耶稣在差遣门徒时明确说道："你们要去使万民作我的门徒，奉父、子、圣灵的名给他们施洗。"（《马太福音》28：19）《马太福音》与《路加福音》也都记载了耶稣受洗后，圣父、圣子、圣灵共在的情景。由于这些原始权威依据的存在，在早期教会的礼仪和教理问答中，父、子、灵三位并举的表达就已经在基督教的信仰生活中居显要的位置，三者常被视为具有同等的神圣性。

正是由于这些极为现实的信仰内容，基督教神学从一开始便就如何准确回答"上帝是怎样的"做出了极大的努力，努力的最终结果就是"三位一体"的上帝论教义之确立：通过对"一"与"三"的具体内涵做出明确的区别，设定不同的指称，即一个本体、三个位格，从而化解三与一在数目上的矛盾，达到对上帝的准确界定。"本体"与"位格"这两个概念在三一论的成型过程中具有至关重要的作用。其中本体（ousia，essence）的概念是直接借鉴希腊哲学的术语；而"位格"则是基督教的原创思想，是包含"prospon，persona，hypostasis"三个词语的综合概念。

考察"位格"概念在神学史上的形成，有两位神学家不得不提，即德尔图良（Tertullian，150-230）和俄利根（Origen，185-254），他们分别代表了位格思想的拉丁来源和希腊来源。德尔图良在神学史上以创造新术语著称，许多为后世教会沿用的神学术语都是他首先使用的，"位格"（persona）就是其中之一。"位格"在古希腊是指戏剧表演时演员在舞台上所戴的面具，其作用是向观众表明演员所扮演的角色，而在角色中所体现出的各种性格特征及戏剧中各个角色之间的相互关系就逐渐凝结在位格概念中。在古罗马时期，位格突出了其关系性的内涵，指人们在复杂的社会政治经济系统中所处的位置，并慢慢成为一个法律术语。[46]有学者认为，德尔图良早年的法律背景对他在上帝论中创造性地使用"位格"概念有很大帮助。[47]当用于描述上帝时，位格的具体含义是指独立行动的身份。

德尔图良的三一论是在反驳帕克西亚（Praxeas）的上帝论过程中发展成型的。帕克西亚是当时著名的一位神格唯一论者，其学说在拉丁语世界颇有影响。他主张，是圣父本身降临进入童贞女玛利亚，由此出生，最终他自己在十字架上受苦。[48]德尔图良严厉批判此种学说，认为帕克西亚"在罗马为魔鬼主义立下双重功劳：既驱逐了真理，迎来了异端，又赶走了保惠师圣灵，把圣父钉了十字架。"[49]德尔图良主张父、子、灵三位应该明确区分：父虽然在早期神学家那里是万有之源，但这里则有专属含义，即圣子的父；子是由父受生的，祂就是父以外的第二位；第三位是圣灵，他透过子从父而出。这三位就像河流的分叉，拥有共同的源头，但又是"可以数算的"。[50]

关于三个位格之间的真正区分，德尔图良采取的是一种"经世三一"的策略："我们只相信一位独一真神，可是因着这计划，就是我们所谓的'经世'，独一神也就有一子，就是祂的道，是从神自己发出的……而后子照着祂的应许差遣圣灵，就是保惠师，从父而出。……经世的奥秘，把合一分配为三位一体，即父、子和圣灵这三位。"[51]经世中的三位性与上帝基本的独一性并没有冲突，这些不同的位格是一个不可分的权能在数目上的不同彰显。德尔图良用不同的比喻来解释三位格之间的区分和统一，"好比帝国政府的独一皇权可以由几个同等的代理人来执行"，或是同一树根长出的不同枝桠，同一源头

---

46 参 *The Cambridge Dictionary of Christian Theology,* edited by Ian A. McFarland (Cambridge: Cambridge University Press, 2011), pp. 229-230.

47 参凯利：《早期基督教教义》，页 77。

48 参奥尔森：《基督教神学思想史》，页 88。

49 冈萨雷斯：《基督教思想史》，页 169。

50 参凯利：《早期基督教教义》，页 76。

51 转引自凯利：《早期基督教教义》，页 76。译文略有改动。

分出的不同支流等等。[52]父、子、灵三位格统一的是祂们的本体（substance），相互之间是延伸的，而非割裂的，是相互区分但又不相互隔离的。在神的经世计划中，完成救恩需要有这三个位格的活动，"父神从天上说话，子站在约旦河中间受洗，圣灵则以鸽子的样子，从天降临到子的身上。耶稣向神祷告说：'不要照我的意思，只要照你的意思。'然后把他的灵交在父神的手中，顺服以至于死。子差遣圣灵到教会来，作为另一位保惠师"。[53]按照德尔图良的论述，三个位格在状态、本质、权能上是不可分的，其相互区分主要表现在等级、外观以及彰显等方面。这样一种着眼于关系的界定，体现其位格学说及其使用的"persona"这一术语之间的紧密关系。

而稍晚于德尔图良的亚历山大神学家俄利根则是希腊语世界系统提出三一学说的第一人，他的著述以艰深玄奥闻名于世。俄利根认为父、子、圣灵是三个"身位"（hypostasis）[54]，而其三位一体论之显著特征就是强调父、子、灵三位中的每一个亘古以来就是不同的身位，不仅是在经世计划中才彰显为不同。这就与德尔图良的"经世三一"有了鲜明的区别，而俄氏所使用的希腊词"身位（hypostasis）"在内涵上也能为这种不同提供依据。在希腊哲学中"hypostasis"与常用来表述本质的"ousia"本是同义词，前者主要为斯多亚学派（Stoicism）使用，而后者则是柏拉图主义的术语，两者都表达"真正的存在"、"事物的本质"之类含义。俄利根在使用过程中虽然保存了"hypostasis"的这一本义，但他更多地是用这一术语表达个别的存在，他认为"子在存活（subsistence）上有别于父，或甚至父和子在祂们的身位上两回事"，[55]强调两者的合一当然是重要的，但在神学上更重要的是论述子的独立性。正因为"身位"有这样的本体论含义，所以俄利根的三一论带有浓厚的多元论色彩，这种论述倾向也常常被人误解为传播一种二神论。[56]

德尔图良和俄利根的三一论学说，分别代表了早期三一论的两种不同论述策略，前者是在同一的前提下论述三位格的相互区分，后者是先行肯定三位格的永存之后再论述其合一，而这也是后世西方拉丁神学与东方希腊神学在三一论上的分野。

---

52 参凯利：《早期基督教教义》，页76。

53 奥尔森：《基督教神学思想史》，页90。

54 为了与拉丁文"persona"区别，本文"hypostasis"被译为"身位"。

55 凯利：《早期基督教教义》，页87。

56 同上，页88。

虽然关键性的概念术语分别在拉丁和希腊语世界出现，但这距离最终系统化的正统教义之定型还有很长的时间。在这期间出现了很多关于三一论的错误教导乃至异端，这些观点归根结底都是由于固守原始的一神论，而在三位格学说面前难以自处。他们以这样或那样的方式试图抹杀三位格之间的真正区别，抑或从根基上消解耶稣基督的神圣性，而这当中最具代表性，影响力最大，对正统教义威胁最严重的当属亚流主义（Arianism）的教导。

亚流（Arius, 250-336）是亚历山大教会的一名长老，大约从公元 314 年开始，他有关上帝逻各斯的学说在教会内部掀起了轩然大波。[57]他的学说体系之根本前提是强调上帝的独一与超越，祂是一切存在的源头，只有祂是永恒、自生和无始的，而他所说的上帝等同于父神。这样一来，子的神圣地位便自然受到了压缩。亚流关于子、或上帝逻各斯的思想可以总结为四条命题：

首先，子是受造的。亚流的论述是：无论说子是"受生的"，还是"流出的"，如果因此祂就能分有父神的神性，那么无异于说父的神性是属于某种物质性范畴，而这是绝无可能的。因此，种种关于子之由来的说法，都不过是"受造的"比喻而已。虽然祂是完美的，但也得和其他受造物一样依赖神的旨意而存在，祂在根本上不是自存的；其次，由于子是受造的，那祂必然有一个开始。这一条实际是对子永恒存在的否定，同时也是对其第一条命题结论的进一步巩固；再次，子与父不能共融，子不能直接知晓父，不能在整全的意义上认识父神；最后，子有犯罪的可能性，虽然在现实中他是全然无罪的，但由于他也是受造物，因此在理论上是有可能犯罪。[58]

正统神学家与这种思潮的斗争，最终促成了基督教历史上第一次大公会议的召开，即公元 325 年举行的第一次尼西亚大公会议（The First Council of Nicaea）会议上谴责了亚流及其学说，判其为异端，与会的所有代表签署了《尼西亚信经》（Nicene Creed）。《信经》对上帝的三个神圣位格做出了明确表述：

"我信独一上帝，全能的父，创造天地和有形无形万物的主；
我信独一主耶稣基督，上帝的独生子，在万世以前为父所生，出于
上帝而为上帝，出于光而为光，出于真神而为真神，受生而非被造，
与父一体，万物都是借着他造的；……我信圣灵，赐生命的主，从
父出来，与父子同受敬拜，同受尊荣，他曾藉众先知说话。……"

---

57 凯利：《早期基督教教义》，页 153。
58 同上，页 155。

　　但亚流引发的三一论危机并没有随着尼西亚会议的结束而告终，在沉寂一段时间后，亚流主义的学说又以新的面目和名头卷土重来，甚至造成了教会的严重分裂。在与亚流主义斗争的尼西亚派神学家中，最著名的是亚他那修（Athanasius of Alexandria，296-373）。针对亚流以及其他异端，亚他那修首先提出了上帝的"意志"与"本性"的区分，用以响应一切质疑耶稣神圣性的杂音。根据他的论述，上帝的行为从范畴上可以分为"出于意志"和"出于本性"两类，这两类行为的结果在本体论上有着不容模糊的差别。创世是出于上帝意志的行为，因此受造物在本质上都具有一致的本体论地位。而子的受生，则是出于上帝本性的行为，其本质必然与受造物不同。就好比人之生养儿女和制作器物之间不能混同一样，受生的神子也不能与受造物相混同，而"意志"与"本性"的差别就为这种区分提供了本体论的保障。[59]

　　明确了耶稣的本体论地位，亚他那修才着手讨论父与子的异同。一方面，子受生而出于父，所以其必然与父有别，而这种区别与子以及父的存在是一样永恒的，不仅仅是经世计划中的区别。即，父与子的区别是存有层面的，而非仅限于作为和功能层面。另一方面，子既从父而来，则当然与父具有同样的本质："子是父的本质所生的，因此无人能怀疑，父既是不改变的，有父样式的道，自然也是不改变的。"[60]如此一来，亚他那修便自然得出了"本质同一"（homoousios）这个已在尼西亚会议上被确定为正统教义的结论。"子当然不是父，而是父生的，但祂是神，故二者相同；祂和父为一，彼此的本质相同，在神性中密切的结合……。因此祂们是一体，祂们的神性为一，凡表明子的，也表明父。"[61]

　　虽然捍卫了尼西亚会议关于三位一体教义的正统决议，但是对三一论中所涉及的三个关键术语的内涵，亚他那修并没着意给予深入的辨析。完成这项重要任务，使三一论在内涵上最终完善的，是卡帕多西亚教父（Cappadocian Fathers）。

　　针对希腊语神学家们对"本质（ousia）"和"身位（hypostasis）"的混用，卡帕多西亚教父指出：本质应该用来表述一种一般性概念，这种一般性概念

59　参 John Zizioulas, *Communion and Otherness: Further Studies in Personhood and the Church* (London: T & T Clark, 2007), pp. 156-161.

60　转引自凯利：《早期基督教教义》，页 165。

61　转引自凯利：《早期基督教教义》，页 166。

可以对应或适用于多个个体。好比人的本质的概念对世上所有的个人都适用，而每一个个别的人是一个完整的身位。当然，神性本质与神性身位之间的关系与人类当中两者的关系不同，否则三一论就等同于多神论了。那么"本质"与"身位"的关系在神性与人类之间究竟有何不同呢？关键的不同在于，每一个单独的人性身位虽然出于人性本质，但是并不能在整全的意义上展现人性本质，因为无论哪一个人类个体都无法在自身内承载全部的人性。与此不同，每一个神性身位，即父、子、灵中的每一个都完完全全的体现着神性，相互之间没有任何程度的差别，所以人性身位之间存在着本体论的差别，而神性身位之间则是本质同一，所以就神的内在本质而言，引入身位概念，并不会导致多神论。[62]

为了进一步消弭因"ousia"和"hypostasis"在词义上的等同可能带来的神学诘难，卡帕多西亚教父革命性的将"hypostasis"与"persona"合二为一。上文已经介绍过，"persona"在古希腊时代本义是指演员的面具，逐渐具有了性格品性的含义，当然也含有各种关系之间的节点之义。后来在古罗马社会，这种关系性的含义成为"persona"主要内涵。相较于本来与"ousia"同义的"hypostasis"，"persona"显然缺乏本体论层面的含义，所以二者合一就使得神圣身位/位格之间的区别不仅停留于经世层面。另一方面，与"persona"合一后，"hypostasis"也就不再作为只具有本质、实质、实体含义的术语而存在，也引入了关系性的含义，与"ousia"有了实质性差别。至此，位格概念的内涵和外延才最终确定了下来。[63]

总结起来，以"本质"与"位格"为核心的三一论教义界定了基督教的信仰对象，回答了上帝"是什么？"（即神圣本质），以及"怎么样？"（即三个神圣位格合一共契）这两个关键问题，为基督教信仰赋予了独一无二的身份特征。

（二）三一论与三身论

我们可能很容易发现，佛耶二宗教中似乎都有一种"三与一"的现象。如铃木大拙就将"三身论"看做是佛教中的三一论，认为这是由马鸣首创的

62 参 Zizioulas, *Communion and Otherness: Further Studies in Personhood and the Church* (London: T & T Clark, 2007), pp. 158-159.

63 参 Aristotle Papanikolaou, *Being with God: Trinity, Apophaticism, and Divine-Human Communion* (Notre Dame, Indiana: University of Notre Dame Press, 2006), pp. 80-81.

思想，是《起信论》一个重要的主题，并指出这是大乘佛教最鲜明的特点之一。[64]李提摩太更是发现了佛教中的各种"三一"，他以释迦牟尼、普贤、文殊为小乘佛教的三位一体，以阿弥陀佛、大势至、观音为大乘佛教的三位一体。并解释了极乐净土与天堂，阿弥陀佛与上帝，大势至菩萨与耶稣基督，观音菩萨与圣灵之间的相似性。[65]虽然二者的"发现"显得有些表面化和粗疏，但这现象的相似恰好反映出宗教发展过程中某些一般化的特征。

有基督教学者受佛教的"三身论"启发，获得了对基督教"三一论"更深入的理解。例如弗里德里希（James L. Fredericks）在一篇题为〈本愿：与净土宗的对话中反思圣三一〉（"Primordial Vow: reflections on the Holy Trinity in light of dialogue with Pure Land Buddhism"）[66]的文章中提出，与佛教的对话使他认识到实体主义的形而上学大大地损害了三一论的教义。他引用拉寇纳（Catherine LaCugna）在其名著《God for Us》中的呼吁：基督信仰需要一种"关系的本体论"来帮助三一论的理解，关系的，而不是实体的，才是首要的本体论范畴。内在三一与上帝经世的关系需要一种"关系的本体论"来联系，他从净土真宗的"佛三身论"中得到了帮助。他认为，大乘佛教的宗教经验需要佛性的观念来解决信仰与破执之间的调和问题，这就是佛三身论出现的原因。

就三一论的传统而言，自卡帕多西亚教父提出上帝是三个不同位格统一在一个本质中，就无法解决神圣本质与三个位格之间的关系问题。他们有时候说位格是那一神圣本质的"存在模式"，这一神圣本质或"神性"类似于柏拉图的"理式"。但是弗里德里希认为，"本质"这一范畴无法解释三个位格的统一。

弗氏认为，净土真宗通过三身论，解决了阿弥陀佛信仰与大乘佛学对终极实在的无神论理解之间的矛盾。三一教义要调和在经世的拯救中见证圣父圣子圣灵、犹太一神教的需要、以及新柏拉图主义的形而上学之间的张力，真宗的经验很有参考价值。大乘佛教的菩萨行将原始佛教的"破执"推进到更彻底的地步，这就是不执着于自利的涅槃，菩萨发愿不住涅槃、重入轮回，

---

64 参本文第三章〈铃木大拙与《起信论》〉。

65 Timothy Richard, *The New Testament of Higher Buddhism*, pp. 12-16.

66 James L. Fredericks, "Primordial Vow: Reflections on The Holy Trinity in Light of Dialogue with Pure Land Buddhism," in *The Cambridge Companion to The Trinity*, edited by Peter Phan (Cambridge: Cambridge University Press, 2011), pp. 325-343.

利益一切有情众生。无明众生常将涅槃看做在轮回对立面的永恒世界，而以般若智观之，这实是一种执着妄念，轮回是空，涅槃也是空。若能破除执着获得觉悟，了知万法实相，则知"涅槃与世间，无有少分别；世间与涅槃，亦无少分别"，在大乘佛教中，这种实践叫做不二法门。[67]

净土真宗的宗教实践是信仰阿弥陀佛的拯救力量。从真宗的观点来看，法身（dharmakāya）是终极实在的"身"，是万法终极的空性，"身"是个高度隐喻的用法，并非是在此世界中可感知的色身。法身也是悲智最纯的实现。见佛法身即是见万法空性，同时见法身也是见诸法无我、破一切执着、知事事无碍；化身（nirmānakāya，又称应身、应化身），是无形的法身为利益需要传法的有情众生，在时空中所显的可感知的色身（form）；报身（sambhogakāya）也是法身的具体化，具有可感知的形象，是诸救世佛（净土之阿弥陀佛就是其一），可与有情众生互动，但不是一个时空中出现的物理的身体（色身），是经修行而得的果报之身，属于天界。[68]化身与报身都是法身为了俯就人的不同需要和限制而作的方便善巧。在净土宗的教义里，法身被看做"本愿"，三身的教义也就是调和理论（空和无执）和实践（信仰阿弥陀佛救渡的誓愿）之道。[69]

弗氏从般若空观与不二法门的根本义谛获得了灵感，以大乘佛学的观念来理解上帝，将上帝看做空而非实体，得出了以下结论：

（1）神性本身是无实质的，只有这样上帝才能是圆满的自我沟通（self-communicating）的爱。这种神性的空性其实也是基督教本有的传统，《腓立比书》中就已经讲了圣子的虚己："他本有神的形象，不以自己与神同等为强夺的；反倒虚己，取了奴仆的形象，成为人的样式"（phil 2：6-7）。弗氏认为，把三个位格理解成无形的神性的"形化"（form），类似化身佛，亦即无形的神性由于爱而倾空自我化为圣父、圣子、圣灵。三一互渗即类似于华严宗的"事事无碍"。位格是无实质的形式。

（2）以三身论的教义来模拟，神圣的三位格也只是神性的"方便善巧"，这才完全是"为我们的上帝"（God-for-us）。法身乃是真如实相，因其空性而能化为色身接引众生。因此只有当无形的神性完全启示为与我们同在的色身（form），我们才能知道上帝是完美的爱。

---

67 Ibid., p. 329.
68 Ibid., pp. 330-331.
69 Ibid., p. 332.

（3）"内在三一"与"经世三一"一样，都是完全启示给我们的，内在三一是"非有相"的神性的相化。神性不仅化为历史的基督利益我们，而且在化为圣父、圣子、圣灵的过程中不断倾空自我。

（4）如果"内在三一"与"经世三一"是不二的，亦即，三位格间的关系和他们创造、救赎、圣化的经世也是不二的。

（5）三身论提示了思考传统"模态说"（modalism）的新思路。被希尔（William Hill）称为"新模态三位一体论"的巴特与卡尔·拉纳的理论，可以追溯到卡帕多西亚教父在解决三位一体时的困境。这种困境都源于他们缺乏一种"关系的本体论"的视角，因而无法从希腊式实体的形而上学中摆脱出来。

净土宗讲法身是无相的空，并非一种超越差别相的实体的"空本身"，除事事无碍以外并无什么实存的法身。佛教的这样一种"关系的本体论"，可以让我们澄清卡帕多西亚教父试图解释的事情：神性不是一种生发出三位格的新柏拉图主义式的单子。要对抗模态说，就不能把神性看做三位格实质的"来源"、"原因"或"原则"。三一互渗即是互为因缘，并无一种永恒的实体在本体论上先于三位格。神性也不是一种至高无上的主体，祂只是三位格的空性而不是什么"空本身"。位格不是一种前位格的神圣实体的模式，色即是空，空即是色。

（6）基督教中圣父的绝对权威（The monarchy of the Father）问题与佛教的核心教义依然形成鲜明的对比，但佛教与基督教并不是同一种宗教经验的不同表达而已，宗教间对话的目的并不是为了达到教义上的一致。

弗氏此文由"三身论"启发而对"三一论"中存在的困难进行了新的解释。他并不是将法身佛、报身佛、化身佛直接对应于圣父、圣子、圣灵，而是认为法身与报身、化身之间的关系提供了一种理解神性与三个位格之间关系的模型，从般若空观以及不二法门的根本义谛的视角获得了对三一论的新的理解。

可以看到，弗氏将圣三一设想为阿弥陀佛之"本愿"——净土真宗所隐喻的作为终极实在的慈悲，[70]虽然可以很好地说明神性出于爱而倾空自我，而创造、救赎、圣化。但在他的比较研究中有一前设，即需要将上帝理解为"空"，[71]并且似乎在父子灵之外有第四个位格"神性"（theotes），由无形的

---

70 Ibid., p. 334.
71 Ibid., p. 334.

神性"形化"为圣父圣子圣灵三个化身佛。[72] 这些问题在基督教神学中是否会引发新的困难，可能还需要进一步的思考。

《起信论》中的三身论与净土真宗有所差别，《起信论》之讲三身，是从净法熏习讲起的。净法熏习，说明的是发心修行和得证的过程。至妄心灭，法身显现，即是众生心的真如之体相用的圆满显发，究竟佛果。法身即真如如来藏，法身从果地说，如来藏从因地说。[73] 文曰：

> "复次，染法从无始已来熏习不断，乃至得佛，后则有断。净法熏习则无有断，尽于未来。此义云何？以真如法常熏习故，妄心则灭，**法身显现**，起用熏习，故无有断。"（T32n1666.0579）

如来法身（真如、如来藏）是无始无终的，"非前际生，非后际灭"，超越时间，毕竟常恒。这也就是《心经》的诸法空相，诸法空相是"不生不灭、不垢不净、不增不减"的。[74] 差别在于，《心经》是遮诠的表达，而《起信论》是表诠的表达：

> "复次，真如自体相者，一切凡夫、声闻、缘觉、菩萨、诸佛，无有增减，非前际生，非后际灭，毕竟常恒，从本已来，性自满足一切功德。所谓自体有大智慧光明义故，遍照法界义故，真实识知义故，自性清净心义故，常乐我净义故，清凉不变自在义故。具足如是过于恒沙不离、不断、不异、不思议佛法，乃至满足无有所少义故，名为如来藏，亦名如来**法身**。"（T32n1666.0579）

真如法身自体之德相大智慧光明、遍照法界、自性清净、穷广极大、圆满具足。诸佛如来，只是平等无差别的法身，"真如用"也是与真如自体平等，遍一切处的。但如来以慈悲本愿力，随众生的智慧、习气、根性的不同，而见佛、闻法各各不同。从众生对佛见闻得益的不同，即随俗称之为用。[75] 这就是本论所讲应（化）身与报身，是应众生而现身之不同：

> "复次，真如用者，所谓诸佛如来，本在因地，发大慈悲，修诸波罗蜜，摄化众生。立大誓愿，尽欲度脱等众生界，亦不限劫数，尽于未来，以取一切众生如己身故，而亦不取众生相。此以何义？谓如实知一切众生及与己身，真如平等无别异故。"（T32n1666.0579）

---

72 Ibid., p. 335.

73 印顺：《大乘起信论讲记》，页256-258。

74 同上，页259。

75 同上，页270。

"以有如是大方便智，除灭无明、见本法身，自然而有不思议业种种之用，即与真如等，遍一切处。又亦无有用相可得，何以故？谓诸佛如来，唯是法身智相之身。第一义谛，无有世谛境界，离于施作，但随众生见闻得益，故说为用。"（T32n1666.0579）

凡夫二乘所见的应身，是依众生的分别事识（前六识）而现。凡夫二乘不知是唯心所现，以为是从外而来，不能尽知法性。而其所见应身，就是有限量、有边际的。[76]从初发心住菩萨至究竟法云地，这一切菩萨心所见的，都名为报身。报身含有以修种种行而成就功德报体的意思。法身本是一切大功德法所聚成的，菩萨不能真见佛法身，但能了解是唯心所现，所以能从所见的无穷功德身，显示佛身。[77]

"此用有二种。云何为二？一者、依分别事识，凡夫、二乘心所见者，名为应身。以不知转识现故，见从外来，取色分齐，不能尽知故。

二者、依于业识，谓诸菩萨从初发意乃至菩萨究竟地，心所见者，名为报身。身有无量色，色有无量相，相有无量好。所住依果亦有无量种种庄严，随所示现，即无有边，不可穷尽，离分齐相。随其所应，常能住持，不毁不失。如是功德，皆因诸波罗蜜等无漏行熏，及不思议熏之所成就，具足无量乐相，故说为报身。

又为凡夫所见者，是其粗色，随于六道各见不同，种种异类，非受乐相，故说为应身。"（T32n1666.0579）

圆满的报身也就是法身，如来的报身本是恒常不变，是随众生所"应"而示现为不同，但随众生修行而显发。如在娑婆世界，有成住坏空的现象，释迦佛也就示现诞生到入灭的无常相。[78]众生见佛与自己一样，即能受到摄化。正如基督教中"迁就"是耶稣教训人的方法，甚至是上帝做事之一贯手法，道成肉身即是典例。[79]至初发意菩萨，能深刻信解平等真如法，虽未亲证，也能"少分而见"法身的德相，终至菩萨地尽，彻底灭了不觉心动的无明，而成无上正等正觉。[80]

---

76 同上，页271-272。
77 同上，页273-276。
78 同上，页277。
79 赖品超：〈方便、迁就与教义的分歧〉，载氏著：《大乘基督教神学》，页79。
80 印顺：《大乘起信论讲记》，页278-280。

"复次，初发意菩萨等所见者，以深信真如法故，少分而见，知彼色相庄严等事，无来无去、离于分齐，唯依心现、不离真如。然此菩萨犹自分别，以未入法身位故。若得净心，所见微妙，其用转胜，乃至菩萨地尽，见之究竟。若离业识，则无见相，以诸佛法身，无有彼此色相迭相见故。"（T32n1666.0579）

在基督教神学这一面，对三一各自的功能之具体的表达见于《以弗所书》中对上帝的与万有关系的三重描述。就父、子、灵在经世活动中的表现而言，圣子因其道成肉身，突显贯乎万有之中的意义；圣灵寓于一切生命之内，故云住在万有之内；圣父作为万有的创造者，圣子与圣灵分别由其所生和所出，祂超乎万有之上。[81]

由此可见，从功能的角度来看，三身与三一是非常不同的思维模式。唯一的相似之处，也就是以如来藏为第一义谛，法身与应身、化身之间是不二的关系，而圣子、圣灵与圣父之关系是本质同一。这一点，弗里德里希的研究可谓颇有洞见。他的研究，应该说与般若空观与不二法门的关系多过与三身论的关系。但从表达方式上，笔者认为，相较于"空"，真如法身自体之德相穷广极大、圆满具足"大智慧光明、遍照法界、真实识知、自性清净、常乐我净、清凉不变自在"，更能相应于上帝之全知全能全在。

（三）小结

蒂利希曾经讲到，在宗教的关怀中有一种张力，就是具体性与终极性的张力。一方面，人的关怀要求着具体性，因为人不可能去关注一些不能被具体地触碰的东西；另一方面，终极关怀的终极性就难以保持。故此在上帝的观念里有一不可避免的内在张力，这种张力是上帝论的根本问题，也是理解宗教历史的动力的钥匙。[82]每一类型的上帝观，都是尝试去响应终极性与具体性之间的联合的问题。终极关怀的具体性驱使人走向多神论式的架构，但绝对性元素之反击又带引人走向一神论式的架构，而对平衡具体与绝对的需要，则带引人走向三一论式的架构。[83]由此观之，三一论的问题是宗教历史的长久

---

81 赖品超：〈超越者的内在性与内在者的超越性〉，页 64 注 71。

82 Tillich, *Systematic Theology vol.1* (London: SCM Press, 1978), p. 211. 转引自赖品超：《开放与委身——田立克的神学与宗教对话》（香港：基督教中国宗教文化研究社，2000 年），页 228。

83 Tillich, *Systematic Theology vol.1*, p. 221.

现象。[84]作为上帝论中的一种特别教义的三一论，就是解决具体性和终极性的最佳方案。[85]可以看到，蒂利希给出了一种宗教发展历程中较为普遍性的观点，三身论的出现，也可用类似的原理来理解。三身与三一之间的相互参照，恐怕也只能提取出这一层面的思考，而我们能做的，就是在这思考中发现一种共同的关怀。

84 Tillich, *Systematic Theology vol.1*, p. 228.
85 赖品超：《开放与委身》，页 228。

第二部分

第六章 《起信论》与耶佛对话中的终极实在

一、导言

在本文的第一部分，笔者考察了学界已有的研究中对《起信论》相关思想的应用，这些研究都可以划归比较神学的进路，即借《起信论》为工具解决基督教传统中的一些难题以及汉语神学处境下的困难。除了吉光片羽式地摘取《起信论》中一些思想片断作为工具，这部被铃木大拙和李提摩太同时青眼相加的佛教之"大公信经"，其沟通宗教的使命是否仅止于此呢？按前文的界定，《起信论》所涉及的主题，与当今佛耶对话的相关领域有着诸多关联，但学界的研究则鲜有提及《起信论》。本文第二部分将以《起信论》本身的思想脉络为线索，即按本体论（终极实在）、人性论、拯救论、信仰观、修行观的主题，探索其在当前的佛耶对话语境中是否有进一步发掘的价值。

终极实在（ultimate reality）这一概念常作为话题，在宗教比较和对话的研究中进行有关"神/上帝"的讨论。[1]所谓终极实在就是存在论或本体论的问

1　如 Sallie B. King and Paul O. Ingram (eds.), *The Sound of Liberating Truth: Buddhist-Christian Dialogues in Honor of Frederick J. Streng* (Richmond: Curzon Press, 1999), pp. 65-104; Robert Cummings Neville (ed.), *Ultimate Realities: A Volume in the Comparative Religious Ideas Projects* (Albany:State University of New York Press, 2001), esp. pp. 125-150; Perry Schmidt-Leukel (ed.), *Buddhist and Christianity in Dialogue* (Norwich: SCM, 2005), pp. 87-147; 赖品超：〈从佛教反思基督宗教上帝观：取道保罗·蒂利希的"终极关切"〉,《辅仁宗教研究》第 26 期（2013 年春），页 91-119。

题，指向存在的根本基础和人最终极的关切，因此在佛教中，终极实在也就是对实相的指称。上一章中，无论是邓绍光还是弗里德里希的研究，都包含将终极实在表述为"空"的预设。这一思想，与阿部正雄"虚己的上帝与动态的空"的著名研究不无关系。那么，以"空"为终极实在，是否代表了整个佛教大小宗派的共同思想呢？本章将要提出，以《起信论》中作为终极实在的"真如"作为参考对象，来探讨基督教与佛教在终极实在方面的对话，可能会更有价值。

二、虚己的上帝（kenotic God）与动态的空（dynamic śūnyatā）

阿部正雄（1915-2006）是当代耶佛对话中最重要的佛教学者，也是继铃木大拙之后传播大乘佛学至西方学术界的又一代表人物。

阿部正雄以"空"（或"绝对无"）为大乘佛教最根本的教理，在传统的中观学解空的基础上（从事物的生灭变化和非独立性，语言概念的非实体性以及万物相互关联相互依存的角度解"空"，即"无自性"、"假名"、"缘起"），提出了自己的独特阐释：将"空"与西方哲学的"存在"和基督教的"上帝"进行比较，显示"空"的独特性和深刻性；将"空"与"真我"联系起来，强调佛教中的主体性内涵；强调空的积极方面，即赋予空动态的、创造性的意义。[2]

阿部这样阐释"空"的三方面特质：

（1）终极实在（上帝）被看作是存在和非存在得以联合的第三者；而在佛教中，终极实在（空）并非第三者，也非前两者中的任何一个，终极实在通过对两极的双重否定而实现。[3]只有"空"才能彻底克服二元性的思维，洞见生命与实在的本质。"西方的思维不可能破除此与彼、理性与信仰、人与上帝等永恒的两难推理。"[4]而二元对立正是人的生存焦虑的根本来源。

（2）在克服二元性的问题上，阿部在"无我"的基本教义之上，提出了"真我"的概念。无我"只是一个出发点，超越对自我的永恒化的看法，又

---

2 参考李宜静：《空与拯救——阿部正雄佛耶对话思想研究》（北京：宗教文化出版社，2011年），页53。

3 Masao Abe, "Double Negation as an Essential for Attaining the Ultimate Reality: Comparing Tillich and Buddhism," in *Buddhism and Interfaith Dialogue*, p. 106.

4 阿部正雄，〈道元论佛性〉，阿部正雄著，王雷泉、张汝伦译：《禅与西方思想》（上海：上海译文出版社，1989年），页87。

超越无我的虚无主义的观点"[5]，之后要推出作为绝对主体性的"真我"，它是人的对象化作用的根源，它不可通过客体化的理智活动证得，但却最具主动性和创造力[6]。这个层面就是领悟到"空"或"真我不可得"本身就是真我，"真空并非外在于我们，而是我们最深刻的主体性的本质：它与我们自己等同。我就是空，空就是我。"[7] 有研究指出，阿部在这里谈论的"空"，"首先不是对客观世界之本质的认识，而是对自我的存在上的领悟，应该说对空的领悟是从对自我的领悟开始的"。[8]

（3）阿部在传统的"色不异空，空不异色"以"空"为宇宙万物之实相的理解之上，赋予"空"动态性的含义。空与色是动态的同一，"只能通过非客体化的，先于概念性反思的方式领悟——通过淘空的纯粹活动。"[9]空是一种不断空掉万物，也空掉自身的纯粹活动。阿部在这里对空的阐述"从对自我存在的领悟进到了空与宇宙万物包括自我的动态同一"。[10]

阿部在佛耶对话领域引发的一桩最著名的公案，莫过于"虚己的上帝与动态的空"，这篇论文发表于 1984 年在夏威夷召开的"东西方宗教相遇会议"（Eastern-Western Religions in Encounter Conference），此文引起诸多基督教神学家撰文响应[11]。对阿部来说，"虚己的上帝"最能与"空"的观念融会贯通，由此可以为两个宗教找到一个深刻的共同根基，因而是两宗教间对话的关键问题。他以《腓立比书》2：5-11 节经文中"基督的虚己"为出发点，开始了他对基督教上帝观的重构。经文说：

---

5 Masao Abe, "The Concept of Self as Reflected in Zen Buddhist Literature," in *Zen and Comparative studies*, p. 68.

6 阿部正雄：〈真人与慈悲——铃木大拙对临济和赵州的评价〉，《禅与西方思想》，页 86 。

7 Masao Abe, "Mahayana Buddhism and Whitehead," in *Zen and Western Thought* (London: Macmillan, 1985), p. 160

8 李宜静：《空与拯救》，页 69。

9 Masao Abe, "Kenotic God and Dynamic śūnyatā ," in *Divine Emptiness and Historical Fullness: A Buddhist-Christian-Jewish Conversation with Masao Abe*, p. 51.

10 李宜静：《空与拯救》，页 72。

11 这些讨论已结集为两部论文集出版，分别是：John B. Cobb, Jr. and Christopher Ives (eds.), *The Emptying God: A Buddhist-Jewish-Christian Conversation* (Maiyknoll, NY: Orbis Books, 1990); Christopher Ives (ed.), *Divine Emptiness and Historical Fullness: A Buddhist-Christian-Jewish Conversation with Masao Abe* (Valley Forge, P.A.: Trinity Press, 1995).

　　"你们当以耶稣基督的心为心。他本有神的形象，不以自己与
神同等为强夺的，反倒虚己，取了奴仆的形象，成为人的样式。既
有人的样式，就自己卑微，存心顺服，以至于死，且死在十字架上。"

　　阿部认为，这段经文显示的是基督在神的形象中倾空了自己，"卑微顺服
以至于死"，是基督作为神子完全的自我放弃。基督的这种放弃显示着对违背
上帝意志的人类自我牺牲的爱，通过神子的道成肉身（虚己），死和复活，上
帝启示他自己是超越于差别性的正义之上的无条件的爱。[12]

　　神学上对这段经文的讨论聚焦于基督在多大程度上不再是神而变成了
人，是完全脱去了神性还是放弃了某些威严的属性？阿部认为，这些争论并
未切中肯綮，基督的虚己和放弃不能被理解为部分的，而必须是完全的彻底
的。[13]进一步说，基督的虚己也不能理解为基督原本是上帝之子而后倾空了自
己变得与人同一，这种时间序列的理解是概念化和客体化的，不是体验性与
宗教性的。这一教义应被理解为基督作为上帝之子本质上和根源上就是自我
倾空或自否定的，而因此上帝之子才是基督——弥赛亚。他在自我倾空的动
态活动中既是真人也是真神。[14]然后阿部用了佛教"A 即非 A"的悖论逻辑重
构了"存在论"意义上的虚己教义：

　　"神子不是神子（因为他本质和根源上是自我倾空的）：正因他
不是神子他才是真的神子（因为他原初并永久地在他自我倾空的拯
救功能中作为基督、弥赛亚而工作）。"[15]

　　之所以一定要从存在论上理解神子的自我倾空，乃是为了因应存在主义无
神论和积极虚无主义的挑战，此二者对宗教的挑战是阿部最为挂心的问题。[16]

　　由基督的虚己，阿部进入了对"虚己的上帝"的讨论。在阿部看来，如
果作为神子的基督倾空了自己，则不可能不推导出上帝的自我倾空。正如莫
尔特曼（Jürgen Moltmann）的问题："十字架上的耶稣对上帝意味着什么？"[17]

12　Masao Abe, "Kenotic God and Dynamic śūnyatā," in *The Emptying God: A Buddhist-Jewish-Christian Conversation*, p. 9.

13　Masao Abe, "Kenotic God and Dynamic Śūnyatā," in *The Emptying God: A Buddhist-Jewish-Christian Conversation*, p. 10.

14　Ibid.

15　Ibid., p. 11.

16　相关论述详见李宜静：《空与拯救》第一章，页 1-26。

17　Masao Abe, "Kenotic God and Dynamic Śūnyatā," in *The Emptying God: A Buddhist-Jewish-Christian Conversation*, p. 13.

也如拉纳（Karl Rahner）的观点，耶稣之死就是上帝之死："今日的基督论必须更加关注耶稣之死，不仅是此事的救赎效果，更是这件事本身……如果说成为肉身的道只是在其人性中死去，如果这被默认为这死并未影响到上帝，那么就只说出了一半的真理。基督教中真正的真理就被忽略了……耶稣之死属于上帝的自我言说。"[18]不过，阿部认为拉纳强调了上帝的自我倾空，但是还残留了二元论的痕迹，因为他坚持在道成肉身的秘密中上帝的"不变"性和无关性[19]。对阿部来说，这种二元论的残留是不必要的，因为这样使得上帝的绝对性优先于与其他存在的关联性；也就是说，上帝的无限完满和永恒优先于他的自我倾空。他认为，上帝的自我倾空必须是彻底的，也就是说，上帝的无限绝对性并不优先于他同其他事物之间的关联，上帝的自我倾空就动态的等于上帝的永恒和无限完满。[20]因此，对上帝的理解应该是这样的：

> "上帝不是上帝（因为上帝是爱与完全的自我倾空）；正因上帝
> 不是一个自我肯定的上帝，上帝才真正是爱的上帝（因为通过彻底
> 的自我弃绝，上帝与万物、包括有罪的人类同一）。"[21]

接下来，阿部进到了用"动态的空"对基督教"三一论"的重新诠释。在他看来，"三个位格统一于一个神（God or Godhead）"的三一论并不能解决传统两性论的困难[22]，因为一个上帝是共同本质，而三个位格是三个互相区别的身位（hypostases）。本质与身位之间的区别是不可缺少不可混淆的。如果这区别是如此关键的话，那么作为本质的一个上帝，尽管不是第四个存在，却无法完全摆脱第四种存在的特征。为了克服这一点，三一中的"一个上帝"（the

---

18 Ibid., p.15.

19 "God can become something. He who is not subject to change in himself, can himself be subject to change in something else….The absolute One [God] in the pure freedom of his infinite unrelatedness, which he always preserves, possesses the possibility of himself becoming the other, the finite." Karl Rahner, *Foundations of Christian Faith*, pp. 220, 222. (转引自 Masao Abe, "Kenotic God and Dynamic Śūnyatā," in *The Emptying God: A Buddhist-Jewish-Christian Conversation,* p. 15.)

20 参考李宜静：《空与拯救》，页108-109。

21 Masao Abe, "Kenotic God and Dynamic Śūnyatā," in *The Emptying God: A Buddhist-Jewish-Christian Conversation,* p. 16.

22 这困难就是"the doctrine of two natures understands the event of the cross statically as a reciprocal relationship between two qualitatively different natures, the divine nature, which is incapable of suffering, and the human nature, which is capable of suffering." 引自 Masao Abe, "Kenotic God and Dynamic Śūnyatā," in *The Emptying God: A Buddhist-Jewish-Christian Conversation,* p. 20.

oneness of this one God）必须被理解为"大零"，甚至要去掉一与三之间的分别。[23]

唯有如此，三一的教义才能被完全与动态的认识。三个区别的存在（父、子、灵）才能清晰彻底地实现他们的特殊性而不被化约为一个神性。与此同时一个上帝的同一性才能完全摆脱第四个存在的困扰。也因此三一的教义才能真正的解决传统两性论的悖论，即，上帝死于十字架而又没有死。[24]

要而言之，阿部认为，上帝的根本是比位格更加基础和深刻的"无"，亦即"空"，由于它是非实体、不断自我否定的，因此在上帝奥秘的最深处，绝对内在与绝对外在超越了二元性，吊诡和动态地统一。也因为这样，对于拯救的期望和上帝内在不可分的同一性才能完全彻底的实现。[25]

关于阿部《虚己的上帝与动态的空》，来自基督教神学家的回应可分为以下几类：[26]

（1）不同意由"基督的虚己"推出"上帝的自我倾空"。汉斯·昆认为这种诠释没有圣经的根据，《腓立比书》讲到的虚己只是耶稣基督的虚己，不应被理解为永恒的状态、立场和关系，这是发生于独一的、历史的生与十字架上之死的受辱（humiliation）。[27]潘能伯格亦不同意将虚己的观念普遍化，他认为，创造的行为，不是虚己或自我否定，而是上帝善意分享生命的行动。尽管创造和荣耀，通过将圣子包含其中，可以包括一些虚己的因素，但不能把上帝创造、拯救和荣耀的整个行为都化约为虚己的观念。[28]

（2）肯定从"基督的虚己"推出"上帝的虚己"对基督教神学有着重要的意义，但是认为阿部对三一上帝的理解并不准确。例如奥格登（Schubert Ogden）认为，无限的绝对性不优先于同其他存在的关联并不意味着不存在上

23 Masao Abe, "Kenotic God and Dynamic Śūnyatā ," in *The Emptying God: A Buddhist-Jewish-Christian Conversation,* p. 24.

24 Ibid.

25 Masao Abe, "Kenotic God and Dynamic Śūnyatā ," in *The Emptying God: A Buddhist-Jewish-Christian Conversation,* p. 25.

26 以下分类参考李宜静：《空与拯救》，页 126-141。

27 Hans Küng, "God's Self- Renunciation and Buddhist Emptiness; A Christian Response to Masao Abe," in *Divine Emptiness and Historical Fullness*: A Buddhist-Jewish-Christian Conversation with Masao Abe, p. 213.

28 Wolfhart Pannenberg, "God's Love and the Kenosis of the Son: A Response to Masao Abe," in *Divine Emptiness and Historical Fullness*: A Buddhist-Jewish-Christian Conversation with Masao Abe, p. 250.

帝无限的绝对性。而上帝同其他存在的关系也并不意味着上帝的存在完全依赖于其他存在而完全等同于其他存在。上帝与其他存在的区别是二元性（duality）而非二元论（dualism），[29]此二元性也并不意味着古典神论的二元论，[30]这一核心的概念是不可从基督教信仰中去除的。莫尔特曼则指出，阿部所要改造的三一教义，仅仅是德尔图良"三个位格同一本质"这一初步论述，而及基督教的三一论神学早已超越这一陈述进到了三个位格的互渗共寓（perichoretical community）。如果把三一上帝实质的统一性理解为大零（great zero），就是用实体形而上学的"本质"范畴取代了三一的关系性教义的位格间的范畴，这样就失去了位格和本质间的平衡。本质是在位格中被抓取的，而非逻辑上先于本质。[31]

（3）米切尔（Donald Mitchell）看到，阿部混淆了三一上帝内部的虚己和上帝在世界中的虚己，未能将这二者区分会贫乏基督徒对虚己的理解。神圣位格之间的虚己与创造者和被造物之间的虚己是不同的。按阿部的理解，则上帝依赖被造物如同被造物依赖上帝。上帝作为永恒的三位一体，在创世之前就已经存在。上帝的特性是在永恒的内在三位一体的虚己中确定的，并非在创世的虚己中。上帝创世的虚己的爱是受造物的必要条件，而非相反。"空"是上帝创世的虚己，但终极的三一上帝却没有完全倾空到被造物中，祂始终保持着超越性和独立性。[32]

如研究者指出，阿部并非不能正确了解三一教义，只是他认为必须为这种位格间的区别和互渗关系找一个形而上学的根基，这就进入了"绝对无"。"而从佛教的观点出发，其实也并不需要在三一上帝之后再冠上一个更为终极的'空'，因为空就是万有之实相，而非超越万有之上的另一存在。从实相与万法不相分离的角度看三一论，非但不应将'同一本质'看作是'三个位格'之外的另一个存在，反而应当有助于对三一论的理解。"[33]

---

29 Schubert Ogden, "Faith in God and Realization of Emptiness," in *The Emptying God: A Buddhist-Jewish-Christian Conversation*, p. 130.

30 David Tracy, "Kenosis, Śūnyatā, and Trinity: A Dialogue with Masao Abe," in *The Emptying God: A Buddhist-Jewish-Christian Conversation*, p. 154.

31 Jürgen Moltmann, "God is Unselfish Love," in *The Emptying God: A Buddhist-Jewish-Christian Conversation,* p. 120.

32 Donald W. Mitchell, "Dialogue and Unity," in *Masao Abe: A Zen life of dialogue*, edited by Donald W. Mitchell (Boston: C.E. Tuttle, 1998), pp. 134-135.

33 李宜静：《空与拯救》，页 139-140。

三、上帝与真如

除了来自神学方面的质疑，也有学者指出："空"应是非有非无、有无双遣，则不应以"绝对有"或"绝对无"为终极，即便阿部可以说"绝对无"是超越相对的无与相对的有之上，那何不说"绝对空"，这样岂不是更能突出不落两边、既非有也非无（无论是相对的有无还是绝对的有无）的中道精神。[34]

"空"之一字，挑战普通人的理智与思维逻辑，向来容易被错会为字面性的否定意义，而从虚无主义的方向来理解，以致历史上会出现"六家七宗"之解空偏差，而得鸠摩罗什真传，能正确理解般若空观的僧肇（384 年-414 年）才被誉为"解空第一"。京都学派用"绝对无"来谈空，至少在概念上不能避免"好无之谈"[35]之偏执一端的嫌疑。究极而言，空是观法、是体证，不是概念。般若空观不是于事物背后看到个名为"空"的实体（或实在），而是以空慧看所有事物，而破除所有对主观境、客观境的执取。换言之，事物是存在的，但不是以"我"认为的方式存在，超越对立超越执着，才能认识色本身的实相（空）。

《中论》曰："大圣说空法，为离诸有见，若复见有空，诸佛所不化"。般若空观乃是以空破除有病，"有病既除，空亦自止"[36]。同样道理，如来藏之学则是以"有"破除空病，如《起信论》"对治邪执"一节批评"人我见"，人我见依凡夫说有五种，前两种都是不能正确了知"空"义[37]。《起信论》曰："一切邪执莫不皆依我见而起"，我见有二种，曰"人我见""法我见"。按传统的解释，讲不讲"法无我"是大小乘的区别之一。传统上唯识家说声闻能遣人我执，菩萨更能破法我执。人我执浅，法我执深。中观者说人我执和法

---

34 赖品超：〈存有与非有：蒂利希、耶佛对话与汉语神学〉，页 38。

35 僧肇：《不真空论》批评"本无宗"之语。

36 语出《般若波罗蜜多心经疏》，唐·玄奘译经，唐大慈恩寺沙门靖迈撰疏，CBETA 新纂续藏经，第二十六册，No. 522。

37 文曰："一者、闻修多罗说如来法身毕竟寂寞犹如虚空，以不知为破着故，即谓虚空是如来性。云何对治？明虚空相是其妄法、体无不实，以对色故有，是可见相令心生灭。以一切色法本来是心，实无外色。若无色者，则无虚空之相。所谓一切境界唯心妄起故有，若心离于妄动则一切境界灭，唯一真心无所不遍。此谓如来广大性智究竟之义，非如虚空相故。二者、闻修多罗说世间诸法毕竟体空，乃至涅槃真如之法亦毕竟空，从本已来自空离一切相。以不知为破着故，即谓真如、涅槃之性唯其空。云何对治？明真如法身自体不空，具足无量性功德故。"

我执各有深浅。声闻不但能遣人我执，也能遣法我执。[38]而《起信论》此处的两种我见实与传统有所差别：按下文解释，此处的"人我见"指的是凡夫学大乘法，不明白如来藏是众生真我，于法身如来藏不能了解而起的误解；而此处"法我见"则是二乘钝根的邪执，佛为二乘但说人无我，不说法无我，意在使其离萨迦耶见（satkāya-darśana，我见，即执着五蕴假合而有的身体为实我之见，亦即五见中之身见），离分段生死[39]。二乘不知此说非究竟，执着无我而见"五蕴生灭法"的"实在性"，生起"怖畏生死，妄取涅槃"，即，不明白五蕴自性不生不灭，一切法本来自性涅槃，以为灭除五蕴的生死法，别有涅槃可证。[40]

印顺法师说，佛法说如来藏，指众生从无始以来，即有如来德性说。同时也确是为了摄引外道。"佛说无我，外道听了不能受用。佛因此说：我也是说有我的，我即如来藏。如来藏本有此摄引外道归佛的意思，所以如不能善解此意，就使如来藏与梵我合化了。"[41]

牟宗三在《佛性与般若》一书中提出，"般若"与"佛性"两概念是佛教的两大纲领，佛家后来各种义理系统之发展皆从此纲领出。般若思想乃一切佛教系统皆不能违的共法，其"荡相遣执"、"融通淘汰"的精神贯穿于整个佛教各宗派。[42]而对一切世间出世间法做出存在论的说明，才是判断教乘高低、圆与不圆的关键，这就是由"佛性"一概念所决定的。对一切法之根源所作的说明，若不穷尽，便不圆满；若说得究极彻底，便是圆满的教学系统。但说得究极彻底，还不足以说它为圆实，大乘之为大乘，要在悲愿广大，不舍众生。在他看来，倡言"无情有性"，即于九界众生而成佛，除无明之病而不除法的天台宗，才是真正的圆实教。[43]

---

38 参考印顺：《大乘起信论讲记》，页288。

39 "二种生死之一。指三界众生之生死。为「变异生死」之对称。分段，指由于果报之异而有形貌、寿量等之区别。盖三界众生所感生死之果报各有类别、形貌、寿量等之限度与差异，故称分段生死。又作分段死、有为生死。依唯识家之说，分段生死系以有漏之善恶业为亲因，以烦恼障为助缘所感三界之粗异熟果。以身命有长短，随因缘之力而定有齐限，故称为分段，亦即三界、五趣之生死。"引自《佛光电子大辞典》。

40 参考印顺：《大乘起信论讲记》，页286-300。

41 印顺：《大乘起信论讲记》，页55-56。

42 牟宗三：《佛性与般若》（台北：台湾学生书局，1977年），页95。

43 见牟宗三：《佛性与般若》，页112、114、179。

牟宗三认为，瑜伽行学以妄染的阿赖耶识为一切法之依止，只能说明生死流转的根源，不能说明涅槃还灭的根源。瑜伽行学以无漏种子来说明转识成智之所以可能，但无漏种子须正闻熏习才能产生，但众生能否得到正闻熏习则是完全偶然的，因此，能否还灭成佛也是没有必然性的。要解决成佛的必然性问题，此义理系统必然要向前推进为清净无漏种子寻找一个先天的根据，这就是"如来藏自性清净心"，这就是自性清净心为主、虚妄熏习为客的如来藏真心系统。他认为此真如依持的系统是高于赖耶依持的系统。[44]

研究者指出，牟宗三将佛教史解读为一个渐进的克服二元论的过程，在牟氏看来，佛教早期宗派，如小乘教、般若中观派等因为没有"佛性"的概念，这便在此世与涅槃、众生与佛之间设立了极端的二元对立，成佛是不可达至的、没有必然性的。这样的二元论使早期佛教宗派不能建立呈现于当下、不离众生的实在的本体论根基。在传入中国之后，佛教得以逐步克服印度宗派中所体现出的二元论倾向。中国佛教宗派对实在的描述，不再是对两个世界（幻象与真实）的划分，而是从两个不同角度——觉悟之心和迷妄之心来加以观照的同一个实在。[45]

由此般若为经佛性为纬的架构看来，虽然不一定同意牟宗三的判教结论，但至少"佛性"也是佛教（尤其是中国大乘佛教）义学中不容忽略的终极性概念。而且，若要以存在论为佛耶对话的重要关怀，恐怕"佛性"这一概念比空更能相应于对上帝的讨论。而且阿部所讲"虚己的上帝"在经世的领域理解更恰切，不应多做本体论的论述。

（一）真如遍在

在"如来藏真心系统"之代表经典的《起信论》中，"佛性"这一概念名为"真如"（suchness）。《起信论》开篇曰：

> "摩诃衍者，总说有二种。云何为二？一者法，二者义。所言法者，谓众生心。是心则摄一切世间法出世间法。依于此心显示摩

---

44 见牟宗三：《佛性与般若》，页 430。

45 Jason Clower, *The Unlikely Buddhologist: Tiantai Buddhism in Mou Zongsan's New Confucianism* (Leiden; Boston: Brill, 2010). 转引自梅谦立：〈柯文杰《难以置信的佛学家：牟宗三新儒家思想中的天台宗佛学》〉，《神州交流》第九卷第二期（2012年4月）。

诃衍义。何以故？是心真如相即示摩诃衍体故；是心生灭因缘相能
示摩诃衍自体相用故。"（T32n1666.0575）

"众生心"是大乘佛法的法体，它涵摄一切染（世间）净（出世间法）、善恶、漏无漏、为无为法[46]，亦即，它是法界全体，一切法。[47] "真如"相是众生心的绝对层面，而其生灭因缘相即现象层面。此大乘法有"体、相、用"三大意义：

> "所言义者，则有三种：云何为三？一者体大，谓一切法真如平等不增减故；二者相大，谓如来藏具足无量性功德故；三者用大，能生一切世间出世间善因果故，一切诸佛本所乘故，一切菩萨皆乘此法到如来地故。"（T32n1666.0575）

"体大"指出作为绝对真理的真如平等遍在于一切存在中，是一切存在的本体论；"相大"指寓于众生的如来藏本性具足如来的一切功德；"用大"是真如的作用大，由此能生起一切世间出世间的因缘果报，一切佛菩萨都以此为车乘而达如来佛地。

而"一心开二门"的模式中，乃是以二门分别诠说一心（总心）。简而言之，在心真如门，以心真如体（性体）摄用（相用），亦即摄一切法，即摄用以归体；在心生灭门，心生灭用（相用）摄体（性体），亦即摄一切法，即摄体以成相用。"心真如门"重在说明真如（真心）的无相与不变性，以及一切法之平等性、整体性；"心生灭门"重在说明一切法的虚妄不实，以及真如（如来藏）与生灭和合（非一非异），而有流转与还灭之发生。[48]

> "是心从本已来自性清净而有无明，为无明所染，有其染心。虽有染心而常恒不变，是故此义唯佛能知。所谓心性常无念故，名为不变；以不达一法界故，心不相应，忽然念起，名为无明。"
> （T32n1666.0577）

真如心本性清净，但可随无明妄念（阿赖耶识）而缘起生死杂染法，因此它"不染而染"，此即"不变随缘"；但它本身却并不起现杂染法，因此又是"染而不染"，所以才能就杂染法而还灭之，此即"随缘不变"。

---

46 参考印顺：《大乘起信论讲记》，页 49。

47 历代《起信论》之诠释者皆以"众生心"为如来藏，以"一心二门"为诠说一心之二相，周贵华认为这种解读是有偏差的。《起信论》中的"众生心"应是法界全体、即一切法。见周贵华：《唯识、心性与如来藏》，页 149-153。

48 参考周贵华：《唯识、心性与如来藏》，页 149-153。

心的真如相，并非偏指法性，而是指心与法性不二而说。[49]大乘的体即是心平等性，当体即是；大乘的自体与相用，从生灭因缘的种种差别相中间接地显示出来。如大乘自体的相，即无边称性功德，这不能用当下即是的直接显示，要从翻对染相中去安立。大乘的用，也要从离染成净，净能熏染的关系中去显出。

真如遍在于一切存在，是一切存在的本体论，文曰：

> "一切境界，唯心妄起故有；若离于妄动，则一切境界灭，唯一真心无所不遍"。（T32n1666.0579）

> "真如自体相者，一切凡夫、声闻、缘觉、菩萨、诸佛，无有增减，非前际生，非后际灭，毕竟常恒；从本已来，性自满足一切功德。所谓自体有大智慧光明义故，遍照法界义故，真实识知义故，自性清净心义故，常乐我净义故，清凉不变自在义故。具足如是过于恒沙不离、不断、不异、不思议佛法，乃至满足无有所少义故，名为如来藏，亦名如来法身。"（T32n1666.0579）

（二）上帝的内在

在《新约圣经》中，对上帝与万有之关系是这样描述的："一上帝，就是万有之父，超乎万有之上（above all），贯乎万有之中（through all），也住在万有之内（in all）"（《以弗所书》4：6）。这一描述，正是表达上帝与万有的关系是即超越即内在。[50]

对上帝超越性的片面强调，会带来对基督教的误解或偏见。如牟宗三在《现象与物自身》中判基督教为"离教"，因为他认为在基督教的教理中"众生无可以通过自己的实践，以与于上达天德之份，此即隔绝了众生底生命之无限性。"[51]而在基督教神学内部，亦会带来一系列的问题。如诺斯替派（Gnosticism）对上帝彻底超越性的强调，会带来对上帝与物质世界的极端二元论的思想，这意味着物质是邪恶的并且远离上帝，甚至与上帝隔绝而不在拯救之内，创造的上帝与拯救的上帝是二非一。更可能会引申出一种幻影基

---

49 印顺：《大乘起信论讲记》，页 52。

50 赖品超：〈超越者的内在性与内在者的超越性——评牟宗三对耶、儒之分判〉，载于刘述先、林月惠主编：《当代儒学与西方文化：宗教篇》（台北：中央研究院中国文哲研究所，民国 94 年），页 52。

51 牟宗三：《现象与物自身》（台北：台湾学生书局，1975），页 453。

督论，以基督并无真实的肉身，变相否定了道成肉身的教理。[52]

但实际上，基督教神学中并不缺乏对上帝内在性的论述。在古代教父的上帝观中，虽然十分肯定上帝的超越性，但也同样充满对上帝普遍临在、渗透世界每一处的说明。如在爱任纽（Irenaeus）、德尔图良（Tertullian）、殉道者游斯丁（Justin Martyr）、俄利根（Origen）的神学观念中，都在努力保持上帝作为超越的存有而同时作为内在性活动的意义之间的平衡。因为对基督宗教的信仰与实践来说，二者都是不可或缺的。[53]在古典拉丁神学对上帝的形容中，上帝既是全知、全能、全智、全备，更是遍在、无处不在的。正因为上帝是无限的灵，是普遍的临在，因此这是不能用物质或空间限量的一种超越，在此意义上，超越与内在是互为表里而非互相对立。[54]

在神学论述中，"超越"一词的含义是：本体上的超越，即上帝的他者性（otherness），可以指在道德意义上的上帝的圣洁，也可以指上帝超越人的既定的认知、思维模式以至语言。就这些用法而言，"超越"与"内在"并不必然矛盾。[55]在阿奎那（Thomas Aquinas，1225-1274）、路德（Martin Luther，1483-1546）、加尔文（John Calvin，1509-1564）等神学家那里，上帝的超越性就是被理解为上帝的他者性，即三一上帝作为奥秘"超越"人的语言概念。而且，正因为上帝是超越的，上帝才可以是无所不在的。[56]

而在一些现代神学家，超越与内在之间不是需要取得平衡的问题，而是根本就并非互相对立，如曾任坎特伯雷大主教的威廉·汤普（William Temple，1881-1944）说："惟其是超越者才内在，惟其是内在者才超越"。[57]上帝是可见的世界背后一位不可见的具有理性的存在，此存在对世界施行工作，并通过世界来施行工作，此存在与世界即是分开的（separate），又是每时每刻临在于世界的每一处；既是无限，也具有位格；既在万有之上，也在万有之下。[58]

---

52 赖品超：〈超越者的内在性与内在者的超越性〉，页 52。

53 同上，页 53-54。

54 同上，页 55。

55 同上，页 56。

56 同上，页 57。

57 同上，页 57-60。

58 Newman, *The Idea of a University*, ed. By Frank M Turner (New Haven: Yale U. P., 1996), pp. 52-53. 转引自赖品超：〈超越者的内在性与内在者的超越性〉，页 58。

　　而在蒂利希对上帝与万物关系的论述中，上帝是作为存有之根基、也是存在本身（Being-Itself），所有有限的事物都参与在上帝之中；但上帝却不是作为一个存有（a being）、甚至也不是那至高至大的存有，而存在于其他存有或受造之外。[59]一方面，上帝内在于一切有限的存有物。另一方面，上帝也是超越的，有别于任何个别的存有物，也超越所有个别的存有物和诸存有物的总和。上帝不能为人的经验或语言直接把捉，甚至超越"存在"的概念，上帝更是自我超越（self-transcendent of God）。在蒂利希的论述中，上帝与世界不一亦不异。[60]在此，上帝的非实体性得到了强调。正如如来藏传统对"真如"之非实体的规定，惟其非实体，才可以是即内在即超越，才可是一切法的依持。也因为其非实体、无相，所以不能为名言思虑所把捉，"以离念境界，唯证相应故"。

　　最后，就得到了一种辩证的上帝观。麦奎利（John Macquarrie）提出，上帝是完全的超越也是完全的内在。上帝既可说是有（being），也可说是无（non-being）；既是一、也是多；既是可知的，也是不可理解的（incomprehensible）；既有情也无情（impassible）；既是永恒也是具有时间性。[61]

　　若由基督宗教上帝观与《起信论》真如观的相似性而对观，则牟宗三判《起信论》为"终别教"[62]而判基督宗教为"离教"是十分的不公允，他对基督宗教的了解也是非常片面的。由"真如"与"上帝"的对观，更可以发现，并不需要像阿部正雄那样将上帝规定为"大零"才能完全地、动态地认识三一教义。

　　当然，"真如"与"上帝"之间有不容忽略的差别，就是上帝与世界既非完全隔离而成二元对立，亦非完全等同而成一元，[63]而真如与世界则是完全的一元，因为前文已分析过，真如作为遍在于一切存在，作为一切存在的本体论根基，其本身是非实体性的，真如是从万法中抓取（captured）的。实相之实乃真实之实，非实体之实。

59 Paul Tillich, *Systematic Theology* 1, pp.235-238. 转引自赖品超：〈从佛教反思基督宗教上帝观：取道保罗·蒂利希的"终极关切"〉，《辅仁宗教研究》第二十六期（2013年春），页100。

60 赖品超：〈超越者的内在性与内在者的超越性〉，页61。

61 John Macquarrie, *In Search of Deity* (London: SCM, 1984), p. 14. 转引自赖品超：〈超越者的内在性与内在者的超越性〉，页62。

62 详见牟宗三：《佛性与般若》，页453-480。

63 赖品超：〈超越者的内在性与内在者的超越性〉，页61。

以真如为参照来表达基督教的上帝观，也许更能照顾到上帝的内在性而纠正片面强调上帝超越性的偏差，实际上，李提摩太亦曾提到这一点，认为佛教更关注上帝内在世间的形式之讨论[64]，这将纠正通常的认知中对基督教的误解。

四、结语

由上文及前一章的讨论可见，希腊哲学的概念体系在神学上的不足之处是不少神学家关心的问题，在对终极实在的理解中，他们认为例如本质、实体等概念会损害三一教义在信仰生活中的地位；或认为在表述基督论时出现理解偏差，不能表达基督神性完全、人性亦完全，尤其不能很好的表达道成肉身的动态性。亦有如阿部正雄这样的宗教学者，从文化困境的角度，认为西方思维无法应对现代社会虚无主义的挑战，解决人的生存焦虑。二者共同的要求，就是改造或重构基督教神学中的上帝观。

在基督教学者中，基南（John P. Keenan）曾主张从大乘佛教汲取概念，以取代和突破希腊哲学本质主义的概念框架，去表达基督教的上帝观和基督论。[65]赖品超亦曾尝试以华严宗哲学的"事"取代"实质"作为根本的形而上学概念，去表达基督教三一论神圣位格之间的"互为内在"（perichōrēsis）的表述，而又不假设在神圣位格之外有独立存在的实质的观念。[66]

由前文的讨论可知，《起信论》中所见的"真如"的诸性质和如来藏系经典之"有"的特色以及强调信仰的方面来看，相较于"空"的终极观，以"真如"为第一义谛加入耶佛二宗教在终极实在方面的对话，可以更恰当的理解上帝与世界即超越即内在的关系，在"真如随缘不变"中理解道成肉身中基督之虚己。再者，以《起信论》之"一心开二门"理解道成肉身的动态性及基督之人性与一般人之人性之间的关系，有着更重要的拯救论和人性论的关切，这是下一章要讨论的问题。

---

64 Timothy Richard, *The New Testament of Higher Buddhism*, p. 39.

65 John P. Keenan, *The Meaning of Christ: A Mahāyāna Theology* (Maryknoll: Orbis, 1989).

66 赖品超：《大乘基督教神学》第五章〈华严佛学与三一互渗〉。

第七章 《起信论》与耶佛对话中的拯救论

一、导言

　　阿部正雄曾在一篇题为〈信仰与自觉〉的文章中[1]尝试以"信"与"觉"这两个基本范畴来区分普天下的宗教。佛教作为"觉"的宗教，虽然早期有信法或信涅槃的方面，但对佛教来说更为根本与核心的还是觉法觉涅槃。而在作为"信"的宗教的基督教中，信耶稣基督是弥赛亚则有着核心的地位。基督教运动可以称为一种信徒从属于基督的运动，但绝不是成为基督的运动；而佛教运动则是一种成佛的运动。由此，阿部将世上的宗教区分为两种，一种是"觉"的宗教，一种是"信"的宗教，二者是不可通约、难以调和的。"信"的宗教也可以叫做恩典的宗教，如基督教、伊斯兰教、印度教的某些宗派以及佛教净土宗；而自觉（self-awakening）的宗教则是早期佛教、大乘佛教的大部分宗派以及某些基督教神秘主义（如强调自律和自我意识的新柏拉图主义）。[2]

　　"觉"与"信"的根本差别在于，"信"是人参与上帝对人的事务，在信仰当中，上帝与人两方面的意志是二者关系的重要元素，信仰是人的自由意志对超越者意志的回应。而"觉"中没有一个要人去回应的上帝。对佛教来说，"觉"有两层含义：一是在悟到无我以后所得的真我中获得对"法"的觉

1　Masao Abe, "Faith and Self-Awakening: A Search for the Fundamental Category Covering All Religious Life," in Masao Abe, *Zen and the Modern World*, edited by Steven Heine (Honolulu: University of Hawai'i Press, 2003), pp. 36-47.

2　Ibid., p. 45.

醒，在这种意义上，人是觉的主体，法是觉的客体。二是在人的存在中法的自觉。在此意义上，法是自觉的主体，而人是法自觉的渠道。综合两方面来讲，觉是对主客二元的克服，或者更准确的说，超越于主客二分。

在大乘佛教中，信是得涅槃的第一步，而智慧才是达至涅槃境界的必要条件，《大智度论》所谓"佛法大海，信为能入，智为能度"。而真正的涅槃与圆满智慧是无碍自在地出入于涅槃与轮回，自渡渡他。在此意义上，可说"涅槃与世间，无有少分别。世间与涅槃，亦无少分别"，这是一种动态的"生死即涅槃"。对这种生死与涅槃动态同一的认识，不是一种对超越者的信仰，而是真如的自觉，它是非内在非超越而又即内在即超越的。阿部认为，大乘佛教的精髓不是对佛陀的信仰，而是通过真如的自觉而成佛的理想。大小乘佛教的差别正在于对涅槃的理解是静态还是动态。[3]

可见，阿部正雄是按拯救论的不同类型对宗教进行划分。本章将通过对《起信论》所代表的如来藏系人性论和拯救观与基督教不同传统中人性论与拯救观的比较而提出：过去所认为的基督教与佛教最根本的差别，并非那么不容商榷，佛教与基督教的对话，也并非只能限于净土真宗和新教"因信称义"之间。

二、从人性论到拯救论

在《起信论》中，修行的功用在于使真如之法显现，实现人人本有的如来藏自性清净心。文中有云，众生之如来藏虽然体性空净，但却从无始以来陷于无量烦恼染垢。若但念真如，不以种种方便熏修，则不可能证得（实现）自心的清净自在。好比大摩尼宝被矿秽之垢覆蔽，需以种种方便磨治方可展现本来的体性明净。[4]本文在第二章讨论《起信论》的主题时已经定义过，这修行磨治的功夫就是"佛教的拯救论"。

在汉语世界的语境中，常有人以基督宗教的人性论主张性恶，而儒家主张性善作为二者间最根本的差异，认为其间有着不可调和的矛盾。但学者指

---

3 Ibid., p. 47.
4 问曰：「上说法界一相、佛体无二，何故不唯念真如，复假求学诸善之行？」
答曰：「譬如大摩尼宝，体性明净，而有矿秽之垢。若人虽念宝性，不以方便种种磨治，终无得净。如是众生真如之法体性空净，而有无量烦恼染垢。若人虽念真如，不以方便种种熏修，亦无得净。以垢无量遍一切法故，修一切善行以为对治。若人修行一切善法，自然归顺真如法故。」（T32n1666.0580）

出，基督教对人性之理解的复杂程度与远超通常的刻板印象（stereotype），在基督教的拯救论传统中，无论是代表"东方希腊"传统的爱任纽（Irenaeus，130年-202年）还是代表"西方拉丁"传统的奥古斯丁（354年-430年），都肯定圣父借着他的双手、就是圣子（或说圣道）与圣灵众生去塑造人性，将按上帝形象所造的人、或说在人之中的上帝形象带至完美。[5]

爱任纽提出，人的被创造，不仅指人类受造的开端，也指人类在基督中得到拯救和再造，更指人在终末的完善或复活。[6]圣子（圣道）与圣灵作为圣父的左右手，为了同一意图而劳作，人在三一上帝的经世（economy）活动中得到拯救。[7]爱任纽认为，人虽是照着上帝的形象（image）和样式（likeness）造的，但实际上显出来不是这样，人容易将样式失落。上帝之道化成肉身，才将形象与样式一并确立，他真正地揭示了形象，他牢固地修复了样式，借着可见的道，使人类与不可见的圣父相像。[8]此中，基督的人性起到了非常重要的作用，神性透过人性得到揭示，因为人性限定并定义神性，使神性能够被衡量和理解。[9]按爱任纽对圣灵工作的理解，圣灵作为智慧，透过先知向人宣讲圣子，赋力量予圣子，又受圣子差派，使门徒能向万国传福音。亦即，圣灵的目标归根到底是使人臻于至善，其任务是按照上帝的形象与样式来更新人性，即在道成肉身的圣子所揭示的人性。[10]

由爱任纽关于道与灵经世行动的学说中，可以得出以下几点神学人类学的推论：（1）照着神的形象受造的是完全人，人是由领受了父的灵之魂与按神的形象受造的肉身合一而成的；（2）人是由圣灵和圣子这"双手的工作"造的，而其他受造物只是由上帝的圣道所造，这肯定了人相对于其他受造物的独特性；（3）耶稣基督的肉身与我辈是一样的，并非出自别种本体，因此可以推论真实的人性是由基督的人性去规范和定义的；（4）既然我们与基督共同分享人性，那么原则上我们也可以成为上帝之德的分享者；（5）此一学

---

5 赖品超：〈非东非西的拯救论与儒耶对话〉，见氏著：《广场上的汉语神学》（香港：道风书社，2014年），页193-216。

6 赖品超：〈非东非西的拯救论与儒耶对话〉，页199-200。

7 同上，页200。

8 Irenaeus, *Adversus Haereses V, 16, 2.* 转引自赖品超：〈非东非西的拯救论与儒耶对话〉，页202。

9 赖品超：〈非东非西的拯救论与儒耶对话〉，页202。

10 同上，页202-203。

说设定了一种动态的人性观，人在受造之初并不完美，需要渐渐成长趋于完美。神俯就人的软弱与成长上的差异，耐心的完成它。因此，人在神的经世行动中的角色也得到了肯定；（6）上帝的经世行动目标在于人的完美。人生而自由，往往并非完美，但又有完美的可能，并且理应成熟到有能力在对上帝的顺服中安身立命，这将带来不朽并分享上帝的荣耀。[11]

而一般认为与希腊神学家截然相反的奥古斯丁那里，其实也有对人性的乐观看法，亦即某种成神观。[12]奥古斯丁在《论三一》中说到："假如本性上的上帝之子为了悲悯人间儿女的缘故而化身成了人，假如真是真的，那么相信本性上的人间儿女能够凭着恩典成为上帝的儿女并住在上帝之中，就容易得多了；因为唯独在他之中，唯有凭着他，唯有凭着分享他的不死性，他们才能幸福；上帝之子下凡分享我们的有死性，正是为了说服这一点。"[13]《论三一》中还讨论到人里面的上帝形象如何破碎，如何修复，如何完美，道的独特工作如何介入，以及灵的独特工作如何介入。这是道与灵的经世行动。[14]圣道化成肉身显示出人是可以以上帝为根基的，人是可以以"一个位格由两个本性组成"来与上帝结合；而圣灵的独特工作则在于将神的生命倾注于人心。在人里面的神之形象，早在堕落之初就已破碎，奥古斯丁的三一论不仅是讲内在三一，也是讲三一上帝的经世行动如何修复并完善在人里面的神之形象。[15]

综上可知，虽然爱任纽与奥古斯丁对三一的论述重点有所差别，但都肯定了一种动态的人观，在不否认堕落及其对人的影响的情况下，设定了人性之善，即人之可被完善或人之所秉有的神之形象可被修复。[16]在这三一论式的拯救论脉络中，虽然不否认原罪，但并非以原罪去定义人性。人性之善不仅在于其创造，更重要的是在于其已蒙救拔和可臻完善。真正的人性是由道成肉身的基督中启示的人性来定义。[17]

---

11 同上，页 204-206。

12 同上，页 208。

13 Augustine, *De Trinitate*, XIII, 3, 12. 转引自赖品超：〈非东非西的拯救论与儒耶对话〉，页 209。

14 赖品超：〈非东非西的拯救论与儒耶对话〉，页 209。

15 同上，页 210。

16 同上，页 214。

17 同上，页 215。

另外，对东正教神学影响深远的尼萨的格里高利（Gregory of Nyssa，330-395）在《人的造成》一文中提出，人的伟大在于其是按上帝的形象而造，上帝的形象所指的不是人性中的某一部分，而是说我们整个人自始至终就是上帝的一个形象。上帝的形象是人皆有之的，上帝形象的一个表现是人的自由意志，而这也是人可以实践善的一个必须条件，因为若无自由意志，实践善是强迫威胁所造成，那就不是真正的善。正因为这自由意志，人有罪恶的可能，也有对善的爱慕。人性之美善更是指人有自由意志和能力可以逐渐变得更为美善，人性这种欣求善的本性，全是因为人是上帝的形象。格里高利认为，上帝的心与理性分与了人，人性之所以有成为美好的能力，是因为其由上帝之"心"支撑。不过，虽然人性有成为美好的能力，但并不意味着现实中的恶是不可能的，如果此"心"背弃了原型，"它就不得为美善了"，人心就会"容受物质的乌七八糟"。虽然如此，格里高利更相信，恶并不是无限的，最终善要胜过恶，甚至魔鬼有一天也可能悔改。[18]

由格里高利的人观进一步讨论，伴随着上帝形象的教理而来则是"成神"（deification，theosis）的拯救论。成神的拯救论是古代教会流行的拯救论之一，更在后世成为东正教的主流神学思想。此一教义所假设的是一种动态的人观，肯定人的超越性，也肯定人的有限性，更肯定人虽有限却可无限，由可朽而不朽，由短暂而永恒，由人而神的可能性。按格里高利的思想，当人越似上帝，也就是越能实现人作为上帝形象的本性；神性化就是完全的人性化，是人性的实现，是基督在信徒身上的成形（morphosis；formation）。[19]

在此拯救的过程中，还有一重要的关节，即，人并非纯粹地被动接受他力的救赎。拯救是一种神人合力（synergy）的结果。此"合力"严格说不是人要与上帝合作，而是指圣灵的内住使信徒可以完善其自由与美德的生命。而圣灵给予人的帮助，不是强迫的，是完全尊重人的自由意志下进行的。当然，这种拯救观并非一种泛神论，因为他强调人和灵与上帝的灵之间有着根本的差距，所谓"成神"或与上帝合一，是指与上帝合德，而非本体上的同一。[20]

---

18 赖品超：《超越者的内在性与内在者的超越性——评牟宗三对耶、儒之分判》，页 43-89。

19 同上，页 79-80。

20 同上，页 83。

人是按上帝的形象与样式被造的，人被带至完美，人性的完全实现，恰似大摩尼宝磨尽矿秽之垢而展现出体性明净。这样的人性论与拯救观，与《起信论》"一心开二门"、"真如不变随缘"的教理可谓如出一辙。它指出，如来藏是指众生本具的清净本心，甚至一阐提也有此真心（佛性），它是常住不变的，是众生厌离生死苦，欣求涅槃的原动力。因此，这清净本心也被称作"众生心"，此"众生心"是"真如"在存在层面的表达，它"不变随缘"即肯定了经验世界中恶的现实性，而"随缘不变"则说明了恶是无本质的，保证了恶的可被遣除。从人的存在而言，人既超越地属于绝对层面，又现实地处于现象的、有限的、染污的层面。成佛即是此真如心的实现，染法去尽的"究竟觉"。

三、"真如熏习"与"启蒙者基督"

以上分别考察了《起信论》的人性论与基督教内部肯定人性美善的神学倾向，与这样的神学人类学相应的拯救论，将不仅仅是汉语神学界通常所理解的"罪得赦免"这样单纯的面向。在通常的理解中，常是将基督宗教的"拯救"（salvation）等同于"救赎"（redemption）。"救赎"的观念背后，假定了一种特定的拯救论，即是认为基督的工作、尤其是他的十字架上的受死，是将人赎买使人能从罪的辖制中释放出来。这样的拯救观突显的是救赎者的行动，并假设在此过程中被救赎者是完全被动的。[21]

这种对基督教拯救观的单一化理解，将使耶佛对话在这一方面变得不可能，正如阿部正雄所"发现"的二宗教最根本的不可通约共量的根本差别，即不同的拯救"类型"。但我们可以看到，在基督教神学中，拯救有着更丰富多元和广阔的含义，凡与人类生命的所有向度相关的救治和整全都是拯救。与肯定人虽有限而可无限，由可朽而不朽，由人而神的可能性之人性论相应，在早期的神学中，基督除了作为赎罪者，也被理解为榜样、导师、启蒙者、光照者。人是可以通过基督的启蒙而觉醒，在神人合力中完善其自由与美德的生命。

---

21 赖品超：〈汉语神学与拯救论〉，《道风：基督教文化评论》第 44 期（2016 年春），页 155。

（一）《起信论》论"真如熏习"

《起信论》的拯救观，要而言之，即在众生皆具足"自性清净心"的基础之上，通过"真如熏习"而达到觉悟，此熏习分为"自体相熏习"与"用熏习"。

> "真如熏习义有二种。云何为二？一者、自体相熏习，二者、用熏习。
>
> 自体相熏习者，从无始世来，具无漏法，备有不思议业，作境界之性。依此二义恒常熏习，以有力故，能令众生厌生死苦、乐求涅槃，自信己身有真如法，发心修行。
>
> 问曰：「若如是义者，一切众生悉有真如，等皆熏习，云何有信、无信，无量前后差别？皆应一时自知有真如法，勤修方便等入涅槃。」
>
> 答曰：「真如本一，而有无量无边无明，从本已来自性差别厚薄不同故。过恒沙等上烦恼依无明起差别，我见爱染烦恼依无明起差别。如是一切烦恼，依于无明所起，前后无量差别，唯如来能知故。
>
> 又佛法有因有缘，因缘具足，乃得成办。如木中火性是正因。若无人知，不加方便，能自烧木，无有是处。众生亦尔。虽有正因熏习之力，若不遇佛菩萨善知识等以之为缘，能自断烦恼入涅槃者，则无是处。
>
> 若虽有外缘之力，而内净法未有熏习力者，则亦不能究竟厌生死苦，乐求涅槃。
>
> 若因缘具足者，所谓自有熏习之力，又为诸佛菩萨等慈悲愿护故，能起厌苦之心，信有涅槃，修习善根。以修善根成熟故，则值诸佛菩萨示教利喜，乃能进趣向涅槃道。"（T32n1666.0578）

觉醒，是首先"自信己身有真如法"，其实也就是意识到自己身陷无明，而对真实境界（涅槃）有所觉醒并转向那种境界（发心修行）。这是真如的"自体相熏习"，是真如本身具有的能力。这也叫做因熏习。

而真如的"用熏习"，就是众生的外缘之力。这外缘之力，就是诸佛菩萨善知识慈悲愿护，一切经论教义的开示引导。这是缘熏习。

> "用熏习者，即是众生外缘之力。如是外缘有无量义，略说二种。云何为二？一者、差别缘，二者、平等缘。"（T32n1666.0578）

此体（因）用（缘）熏习又分别分为"未相应"与"已相应"两种众生：

> "此体用熏习，分别复有二种。云何为二？
>
> 一者、未相应，谓凡夫、二乘、初发意菩萨等，以意、意识熏习，依信力故而能修行；未得无分别心与体相应故，未得自在业修行与用相应故。
>
> 二者、已相应，谓法身菩萨得无分别心，与诸佛智用相应，唯依法力自然修行，熏习真如，灭无明故。"（T32n1666.0578）

亦即，在此分别中，凡夫二乘初发意菩萨以"信力故而修行"，法身菩萨则以"真如法之力自然修行"。此中体现的正是从自力到他力的转变，亦即，由渐至顿的转换，这将涉及到下一节的讨论。《起信论》中赖耶识由于同时摄持和合了本觉智性， 故而又因本觉不思议熏习之力，起求厌心。加之正闻熏习的教法为外缘，损无明力，渐向心源。通过息心灭相，沿流而返，由始至本，彻悟心性，完成还灭成佛的历程。[22]

（二）启蒙者基督

特纳（H.E.W.Turner）在其《教父神学的救赎论》[23]一书中有"启蒙者基督"（Christ The Illuminator)一章，考察了教父神学中将基督视为榜样、导师、启蒙者的思想。

将基督之死视为榜样的描述星散于新约圣经中，《彼得前书》2：21 有云："你们蒙召原是为此，因基督也为你们受过苦，给你们留下榜样，叫你们跟随他的脚踪行。"《腓立比书》2：5-11 节经文中说："你们当以耶稣基督的心为心。"作者说，这样看待基督之死在救赎论中有重要的实践意义，这在教父时代的思想中也并不陌生。

在当时的异教徒和基督徒的文字记录中有很多强调了基督之死跟其他人自我牺牲之间的相类。大迫害时代的宣信者（confessor）的行为几乎就是赎罪系统之外的另一种和解的渠道。他们为基督受苦，就像基督为他们受苦，可以赎罪[24]。俄利根（Origen）与克理索（Clesus）之辩论中即暗示，基督的牺牲与其他的殉道者只是程度上的不同。[25]

---

22 龚隽：《〈大乘起信论〉与佛学中国化》，页 89。

23 H.E.W. Turner, *The Patristic Doctrine of Redemption-A Study of the Development of Doctrine during the First Five centuries* (London: Mowbray, 1952).

24 Ibid., pp. 29-30.

25 Ibid., pp. 29-30.

另外一些教父著作中将基督之死与预言联系起来。这不仅仅是"基督照圣经所说,为我们的罪死了"(《哥林多前书》15:3)的基本信条。从预言上来讲,基督之死与上帝大能的作为结合起来有更深的意义,就是比起仅仅将基督之死视作神迹对基督教护教学有更重要的意义。游斯丁(Justin,100-165)与特来弗(Trypho)的对话主要就是在讲这件事,"如果这件事(基督照圣经所说,为我们的罪死了)将祂指出给众人,我们怎能还是不相信祂?"《以赛亚书》1:3就是明证:"牛认识主人,驴认识主人的槽,以色列却不认识,我的民却不留意"。[26]注者批注这段经文说:"祂忍受了我们生命中可能经受的一切,因此让我们模仿祂的忍耐,如果我们因祂之名受苦,让我们荣耀祂,因为祂作了我们的榜样。"[27]爱任纽说:"道是我们的导师,我们必须模仿祂的工作践行祂的道";俄利根批注《罗马书》4:7说:"耶稣基督只使那些以复活为榜样得到新生命的人称义,不使那些仅将此看作一次不公不义的死亡事件的人称义。"[28]

将基督带来的救赎主要从知识角度来解释,将基督首先当成导师,是使徒教父时代的主要特征。[29]而在稍晚的西方神学家那里亦常有此看法,如拉克坦提乌斯(Lanctantius, c.250 - c.325)的一段常被引用的话:"教授德行的人应该像人一样,这是必需的,因为靠着克胜罪业,祂显示罪是可以克胜的。"面对"你在要求不可能的事"这样的指责,祂可以说:"这不是不可能的,因为我已经做到。"他进一步将治愈麻风病人阐释为从罪中洗涤灵魂。[30]奥古斯丁的早期著作中也将上帝之子的一生描述为道德引导,并将道成肉身的唯一理由归结为给人们提供训诫与道德榜样。[31]

除了将基督视作导师与榜样以外,也有将基督的概念视作神明烛照(Illumination)之源。《革利免一书》等文献中常有此等主题:"通过祂我们缺乏智慧、充满蒙昧的灵魂进入了光明。""通过祂上帝已着意令我们尝试不朽的知识。""通过耶稣基督,上帝将我们从黑暗呼召至光明,从愚昧无知至晓得祂的荣耀之名。"[32]

---

26 Ibid., p. 32.
27 S. Polycarp, *Phil*. Viii. 1-2.
28 Ibid., p. 33.
29 Ibid., p. 33.
30 Ibid., p. 35.
31 Ibid., p. 35.
32 Ibid., p. 36.

公元二世纪，基督论的重点从历史的耶稣转至神圣逻各斯，从使徒教父到亚历山大的革利免（Clement of Alexandria），是基督论的分水岭。[33]鲁夫（F. Loofs）指出，二世纪有两种逻各斯的区分，在教父（伊格那丢 S. Ignatius，爱任纽，安提阿的提阿非罗 S. Theophilus）著作与护教士（革利免和俄利根）著作中有微妙不同。那就是将 λόγος 翻译成圣言/道（Word）还是直接音译成逻各斯（logos）。来自亚洲的教父们将 λόγος 翻译成圣言/道，表达了它作为上帝启示的载体之意，通过它上帝清楚的跟世界说话，仿佛振铎以令所有人都能听见。[34]"道"的启示功能意味着基督的导师职务，爱任纽说："若我们的导师'道'没有成为肉身，则我们不能知道上帝是什么。我们不能知晓，除非我们眼见了'道'——我们的导师，用我们的耳听到了祂的声音，如此我们才能模仿祂的作为，成全祂的话语。"[35]在教父们那里，道就是上帝在基督中的自我启示，他们的重点落在历史的道成肉身的上帝。[36]

但对护教士而言，重点放在了无形的上帝。亦即，他们主要关心的是哲学而非宗教意义。对他们来说，宇宙论比拯救论重要，基督教意味着创造的消息而非救赎的福音。他们更愿意将道成肉身看做基督来临之前的 logos 工作的继续。游斯丁（Justin）说："生活在耶稣基督之前的义人只要是行普遍、自然、永恒的能令上帝悦纳的善，则将通过这同一个复活的耶稣基督得救。"[37]对游斯丁而言，道成肉身只是一个过程的继续和例证。[38]在亚历山大的革利免那里，有着同样的思想，他强调的是作为人类导师的无形的 logos 及其活动。在他看来，希腊哲学就是真正的福音预备。[39]

不过，在革利免作为"光照"（Illumination）的救赎观念也是非常重要。革利免试图说明，若能恰当解释基督教义，诺斯替主义声称的那些观念都能包括在内。他认为成熟的、醒觉的基督徒才是真正的诺斯替主义者，高过一般的信仰者。在革利免的神学中，救赎被设想为光照、指引和教导。[40]

总而言之，在使徒教父那里，基督作为导师的思想非常重要，而且这应

33 Ibid., p. 36.
34 Ibid., p. 37.
35 Ibid., p. 38.
36 Ibid., p. 38.
37 Ibid., p. 39.
38 Ibid., p. 39.
39 Ibid., p. 40.
40 Ibid., pp. 41-42.

是他们对救赎论的主要贡献。他们的主要目的在于实践或献身的教导，而非神学阐述。[41]

在护教士那里，继续是同样的主题，但是将它举到了更哲学的高度。他们的关切是与周围的异教徒世界真正的交流，因此他们寻求与异教徒在各方面的接触，而倾向于忽略基督教中不利于沟通的因素。他们更像是第一代基督教哲学家而不是神学家。在与其诞生地不同的思想环境中，使基督教思想在理智上可敬是非常重要的。比起更深刻和复杂的拯救论论述，"基督作为导师"会对那些不熟悉基督教的人产生更直接的吸引力。[42]

而在亚历山大的革利免，护教的任务则集中于对抗诺斯替主义。作为基督教的拓荒者，他要应对的不止是来自基督教以外的攻击，还有那些某种意义上来自基督教传统内部的挑战。他强调基督教的理智元素不仅仅是试图响应信仰与理性的争论，更是为了摄引那些被诺斯替主义吸引的人，让他们更深地理解基督教的实在。[43]

基督作为导师这一概念在救赎论中是一个基本的要素，反映的是基督救赎工作中涉及人类知识和觉醒的方面。十架神学不是基督教的全部，"引导人们更好地生活"的责任也在基督的救赎中。这些思想也给"上帝何以化身为人"这一问题提供了一个教会分裂之前，教义形成时期的答案。[44]

在此意义上，基督的角色类似上求佛道下化众生的菩萨（Bodhisattva），就基督是完全的人而言，祂是觉悟的有情众生；就祂完全的神性而言，祂是令一切有情众生觉悟的神。基督之虚己，正如菩萨之倒驾慈航重入世间教化救度众生。而人之所以可被启蒙，乃是因为："神的事情、人所能知道的、原显明在人心里，因为神已经给他们显明。"（《罗马书》1：19）

与真如的体用熏习相比较，内因是人里面的上帝形象，外缘则是作为"觉有情"的基督给人带来的启示与光照（illumination）。奥古斯丁的神学人类学也可以作此理解："人作为形象，是反映上帝的镜子，被病态的爱所扭曲。……人身上的神之形象原本是被骄傲扭曲，唯有基督的谦卑、唯有受难与复活之基督里面的信心，可以清洁这面镜子。"[45]

---

41 Ibid., pp. 43-44.

42 Ibid., pp. 44-45.

43 Ibid., p. 45.

44 Ibid., p. 46.

45 Mary T. Clark, *Augustine* (London: Geoffrey Chapman, 1994), p. 72. 转引自赖品超：
　〈非东非西的拯救论与儒耶对话〉，页 212。

四、拯救中的自力与他力问题

（一）佛教中的自力与他力

与阿部正雄"觉"与"信"的划分不同，铃木大拙曾以"自力"与"他力"来讨论不同的宗教类型。[46]"自力""他力"这对概念表示着拯救过程中人的角色上的区分，一向被禅宗和净土宗用来自我标举。在当代语境下，这两个词常被置换为"实践"与"信仰"的同义词而用来评判不同的佛教传统，比如，说禅宗是自力的，净土真宗是他力的。这样的描述容易给人以禅宗不讲信仰而真宗不讲实践的印象，无疑这是一种相当有误导性的化约。而这也是由人的行为在信仰中的地位来区分各宗教拯救论之不同类型的一对常用概念。

在1911与1924年的两篇文章中，铃木大拙认为宗教觉醒是超越"自力"、"他力"二者的分别，无论自他，最后要达到的终极目标都是超越分别的解脱或拯救。他说"神秘主义是所有宗教的生命"，无论靠自力还是他力认识真理，有神秘体验的人都会自然地得到同样的结论。在1924年的那篇文章中，他对基督教作出了一个非常不满（也不公允）的评价，认为基督教的天堂观是非常幼稚的，人们终会发现自己的世界与天堂的纯洁完满如此对立，这会造成痛苦与撕裂；而说爱上帝也会成为痛苦之源，因为爱不可接近的东西会带来痛苦。但是在佛教所讲的终极里，自他的差别消融了，面对超理性的存在也就不会发生撕裂。

1926年的那篇文章中，铃木的观点变得更成熟：他不再把"自力"定义为禅宗专属，而是在更广泛的意义上标示一种"自我完善"的进路，或云"圣道门"[47]；而"他力"则泛指念佛等他力救济的方式。铃木谈及，禅悟的体验究竟是一他力还是自力的瞬间呢？悟有着不可预期、突然临到的性质，铃木以《碧岩录》中著名公案"悬崖撒手，绝后再苏"[48]来讲这一问题，在此，自

---

46 他曾以"自力と他力"为题，分别在1911,1924,1926,1965年发表过共四篇论文来讨论此问题。见《铃木大拙全集》（东京：岩波书店），卷30，页434-437；卷31，页285-292；页336-339；卷19，页523-526；卷20，页315-317。另有在其身后发表于1972年的与曾我量深的对话谈此问题，见古田绍钦编《铃木大拙坐谈集》，（东京：读卖新闻社，1972年），卷5，页135-139。

47 "圣道门"一词乃道绰（公元562年-645年）发明，他将佛陀教法归结为圣道门与净土门，以此分判在理论上确立净土宗的地位。

48 "浙中永光和尚：'言锋若差乡关万里。直须悬崖撒手，自肯承当，绝后再苏，欺君不得。非常之旨，人焉廋哉。'"[南宋]圆悟克勤禅师：《碧岩录·第四十一则》。

力意味着有意识的努力，而他力则意味着放弃意识接受死亡。只有悬崖撒手，大死一回，最后才能绝后逢生。与此相类，在净土宗里只讲他力也是毫无意义的，因为他力只有在自力竭尽处才有意义，是自力使他力成为可能。因此，以他力自力作为区分禅净的根本，恐怕也是难以成立的。

1965 年，铃木发表了对"自他"问题最晚近的论述。这一次他重新定义了自力他力，他力指净土真宗，而自力指佛教所有的其他宗派。这篇文章主要是讨论"妙好人"浅原才市，才市的例子给铃木提供了禅净合一的样本，即一种密契主义的合一。此文中铃木很少提及自力，但他对他力自力作出了这样一个有别于以往的定义："他力是仅靠佛陀的力量而得到安心的境地；而自力是靠个体的努力唤醒他力。[49]"因此，在这里自力要由他力来定义，亦即他力赋予自力以意义。这一观点其实与他 1926 年那篇文章中"自力竭尽处他力才会到来"观点内在逻辑上是一致的：自力与他力既不是截然二分、也不是此消彼长的关系，更不能成为区别不同宗教类型的标准。

铃木亦曾与日本真宗当代的代表人物曾我量深（1875-1971）就"他力自力"有过一次对话。[50]铃木认为生起信仰应归于他力，因为自力是在他力激发下才发生的，佛陀的救苦救难与上帝创世与救世相类，他进一步论述佛陀普渡众生的"誓愿"不是佛陀自己的"愿"而是悲悯本身，是悲悯自身的运行。所以对铃木来说，佛陀的誓愿不是他自己的誓愿，而是众生的愿，誓愿的完成象征着众生的成佛。他认为，阿弥陀佛及其所代表的一切只能被理解为完全内在的、因此也是主观的。对铃木来说，西方净土是人自己创造的理想境界，所以佛陀的誓愿也就不是可倚靠之来完成自己不能完成之事的外力。在此，他力变成了本体论上的概念，而不是"自力—他力"这样相对的认识论概念。

对铃木来说，对他力自力的理解，关键点在于宗教经验，也就是对超越的他者的顿悟，无论禅净，这都是最后要达到的相似的境界。可以看到他对这一问题的最后论述是这样：从认识论上讲，自力是达至他力的一种方法；从本体论来讲，他力是在此世获得的佛果。Mark. K. L. Blum 认为，铃木是以这对概念为方便法门，来解决大乘佛教人人皆能成佛的预设与实践上无人成佛的悖论。[51]

---

49 《铃木大拙全集》，卷 20，页 315。

50 此次对话发生在 1958 年 12 月 8 日，对话收录于《铃木大拙坐谈集》，卷 5，页 124-150。

51 Mark L. Blum, "Standing Alone in the Faith of Non-Obedience: Suzuki Daisetsu and Pure Land Buddhism," *The Eastern Buddhist* 39(2008): 27-68.

（二）路德神学中的"自力"与"他力"

另外，在基督教传统中，哪怕是路德的"因信称义"，也并不就是一种完全否定人的事功的纯粹他力拯救。例如有学者指出，虽然路德的"唯独信仰"使其包含了一种关于人在称义中的角色的悲观倾向；但是路德的信仰观念也是一发展的进程，在他晚期的思想中，对这一问题有了更为完整和深刻的思考。[52]在路德早期的思想中，以基于人的功德的终末论的方式阐释信仰。而在《〈罗马书〉讲义》（Lecture on Romans）中，路德对信仰的理解出现了显著的变更，这里他把信仰理解为一种"与上帝当前的动态的关系"，在这种关系基础上，人成为一种新的存在，信仰不再是未来的盼望，而是不容耽延的此时此地的事件。路德主张信仰的最终主观性是上帝的恩典，而非我们决定去相信——这一行为是我们的功德。[53]上帝的恩典是信仰的唯一动因，因而，路德在"通过信仰"加上了"唯独"一词。在称义上，人的行为没有位置。而当路德主张"唯独通过信仰"称义时，就出现了人的行为在拯救中的作用问题。[54]

为了应对罗马天主教会对他的批评，路德需要证明他并非是"反道德论"，也没有否认人的行为的价值。由此，路德建立了一种更为包容的信仰观念，这种观念包含与人的行为分离的"唯独信仰"的信仰和与人的行为不可分离的信仰两方面。[55]对路德来说，信仰具有双重结构：内向和外向的信仰。称义是内向信仰的工作，表达为确信（fiducia）。这是一个人对上帝完全的承诺。因而这一信仰并不依赖人的作为，这只是神圣的礼物，通过这一信仰，"异己的义"（alien righteousness）就成为属己的。另一方面，内向的信仰产生一种外向信仰的结果，它使人从上帝那里得到重生，我们拥有信仰的事实带来我们生命的改变，自然地对我们的邻舍有好的行为。[56]

在路德那里，"唯独"一词指向的是内向的信仰。内向的信仰带来面对世界的外向行为的改变，行为外向地带来拯救，它表明我们是得义的。外向的

---

52 金东焕著，谢志斌译：〈从道家"无为"的视角看路德的称义论——以考察"唯独"一词的适切性为中心〉，收入赵林、杨熙楠主编：《比较神学与对话理论》（桂林：广西师范大学出版社，2008年），页189-208。

53 同上，页193。

54 同上，页194。

55 同上，页195。

56 同上，页196。

拯救指示信仰的存在，犹如果实表明一棵树是好的[57]。

路德试图将人的行为与上帝的恩典统一而不失去他们各自的特性，他的神学方法论中展现出二者的辩证统一。路德的神学秉持人的行为对于人的实现无济于事，称义只有通过上帝的恩典由信仰给予。但是信仰与人的行为既相互对立又相互依赖。在 1535 年的《加拉太书讲义》中，路德讲述了这种双重理解，即，信仰一方面在内在的层面上发生功效，另一方面在外在的层面上工作。前者是对上帝之言的内在的确信，依赖于上帝的恩典，由此我们可以把握基督。后者是更新的圣洁的生命。信仰的这两种功效如火与光一样不可分离。[58]

亦即，在路德后期的思想中，信仰既非意指由行为形成的信仰亦非排除行为的信仰，而是包含二者并成为二者统一的源泉。这表示的不是信仰的优先性而是信仰的超越性，其中行为被包括在内并最终得以实现。[59]人不是通过自己的能力而有信仰的，拥有真正的信仰实在是上帝的作为，信仰是上帝存在的途径，是上帝启示的方式。[60]我们通过信仰认识到上帝要人顺从盟约和怜悯罪人这两个方面，前者意味着由行为形成的信仰，后者则是排除行为的信仰，但前者最终由后者实现，在这一实现的过程中，前者并不会失去它自身的属性而是自由地表现自身。二者最终统一于上帝的仁慈本性，仁慈上帝通过信仰将人类带到他自身。[61]

也就是说，在路德的神学中，"sola"一词并不是排除拯救中人的作为，而是试图说出一种更为根本的信仰观念，这就是完全基于上帝恩典的信仰和由爱形成的信仰，在其中我们可以通过一种作为内向的和外向的信仰之根源的更为根本的信仰得以称义。[62]

不独路德"因信称义"的教义，整个新教的唯恩典论也可作此更为根本的解释。如学者指出，基督新教（Protestant）所强调的唯恩典论似乎与前文所述东正教神人合力的拯救观相对。然而，这种似乎排斥人的努力，认为拯救是纯粹出于上帝他力的教义，也可以作一种包容性的诠释。即是说，人的

---

57 同上，页 197。
58 同上，页 203。
59 同上，页 204。
60 同上，页 205。
61 同上，页 206-207。
62 同上，页 208。

努力并非在恩典之外，因为上帝不是被迫创造世界，而是出于爱与恩典，因此，人的本性或自然就不是纯粹的本性或自然（pure nature），而是一已蒙恩的本性或自然（graced nature）。如此，则不能再问，人之觉悟是自觉（self-awakening）还是上帝的眷顾，因为，自觉与上帝的眷顾之间不是截然二分或相互排斥的，人之所以有醒悟的能力，本身就是恩典的结果。[63]

五、结语

通过以上有关佛教与基督教中"信—觉"、"自力—他力"之间辩证关系的考察，或可提供一种参考，使我们可以更圆融和透彻地理解各宗教拯救论中他力与自力，依靠信心或依靠自觉的非对立不二分的关系，藉此避免以"信-他力；觉-自力"的绝对对立不可调和来理解不同的宗教类型所必然带来的误导。由以上的分析可见，自力与他力既不是截然二分、也不是此消彼长的关系，信与觉也不能成为区别不同宗教类型的标准，不应成为杜塞对话之门的不可通约共量的基本模式，反而应当有助于对各自传统的整全理解。

笔者看来，如果将阿部正雄划分的"信"与"觉"的拯救模式，跟铃木大拙所论述的"自力"与"他力"的人之角色结合起来，对不同宗教和流派作一种判释的话，则可以看出，《起信论》所表达的内容，是以信统摄觉。既强调自力修行的重要性，也强调法性的无量无边功德。如果由基督教神学反观《起信论》，其中信仰与修行的不可分割的不可偏废的关系可以说得更为圆融。"起信"者，由信根本真如始，至证信终，靠修行五门成就此信。信根本真如，就是觉知到众生心中虽有贪嗔痴杂染法，而心的本性是清净的；众生为蕴处界等所覆藏，而实在无始以来即内具殊胜的德相。[64]对根本真如的"仰信"，正是众生发菩提心，修行五门的根本动力和源泉。人能发起"厌离秽土、欣求净土"的求道心，原本就是佛性内住于众生的结果，"能正修行，自利利他"指示着众生拥有如来藏。"信"之一词包含着由最浅层的信赖到更深远的以超越方式作用的"仰信"，这也是"起信"一词能涵括全篇内容的原因。

《大智度论》曰："信如手，如人有手，入宝山中，自在取宝；有信亦如是，入佛法无漏根、力、觉、道、禅定宝山中，自在所取。无信如无手，无

---

63 赖品超：《超越者的内在性与内在者的超越性——评牟宗三对耶、儒之分判》，页84。

64 参考印顺：《大乘起信论讲记》，页56。

手人入宝山中，则不能有所取。无信亦如是，入佛法宝山，都无所得。"[65]，又如加尔文（John Calvin）的著名比喻：信心是承纳恩典的器皿。信不是促成得救的功劳，而是使上帝的拯救在人身上实现的渠道。[66]

　　《起信论》更提供了佛教传统中对"信"的不同理解，在佛教与基督教的对话中，可以不再局限于净土真宗那种唯独他力的"信"与传统认识中排他性的新教"唯独恩典""因信称义"之间的对话。

---

65 龙树菩萨造，鸠摩罗什译，《大智度论》"摩诃般若波罗蜜初品如是我闻一时释论第二"，（CBETA 电子佛典集成，《大正藏》第 25 册，No.1509，第 1 卷）。

66 转引自林鸿信：〈无我的宗教智慧——从《坛经》看《圣经》〉，载于吴言生、赖品超、王晓朝主编：《佛教与基督教对话》（北京：中华书局，2005 年），页 334。

第八章 《起信论》与耶佛对话中的修行观

一、导言

在耶佛对话中，修行实践方面的对话被称为"内在对话"（interior dialogue）[1]。"内在"一词大概可以指示出，修行是教徒对终极实在（ultimate reality）更直接的经验，是获得拯救/解脱/觉悟/与上帝合一的必经之路。有了上述的人性论与拯救论，修行观则是对达至拯救的方法、路径的必要讨论，"见行相应"更应是各宗教信仰的共同目标。

由于灵修(如默观祷告"contemplative prayer")与修道出家等被新教传统视作"因行称义"（work righteousness）而不被重视，因此在这一方面与佛教的对话中，天主教显得更为积极开放。[2]这些对话的参与者在佛教中选择的对象，通常都是禅宗的修炼方法和义理，例如耶稣会神父庄士敦（William Johnston，1925-2010）通过将坐禅引进基督宗教徒的灵修生活中，想要在二者相似又冲突的思想张力下，建构一种可资参考的灵修神学。[3]除此之外，亦有

1　Paul O. Ingram, *The process of Buddhist-Christian dialogue*, p. 106.

2　Paul O. Ingram, *The process of Buddhist-Christian dialogue*, p. 106. 参与这项对话的研究例如: Thomas Merton, "Monastic Experience and East-West Dialogue," *in The Asian Journal of Thomas Merton*. Edited by Naomi Burton et al. (New York: New Directions, 1975), pp. 309-325; Donald W. Mitchell and James A. Wiseman (eds.), *The Gethsemani Encounter: a Dialogue on The Spiritual Life by Buddhist and Christian Monastics* (New York: Continuum, 1997).

3　参考苏远泰:〈论庄士敦的灵修神学——基督教与佛教对话的个案讨论〉,《中国神学研究院期刊》第 30 期（2001 年 1 月）, 页 109-129。

学者以基督正教静修传统与上座部佛教的修行实践进行对话。[4] 在这些对话中，研究者发现了两宗教间一些根本的差别和困难，而笔者将提出，借鉴《起信论》的资源，也许能提供另外的视角，成为这些困难可能的解决之道。

二、祷告与坐禅

庄士敦在其《神秘神学》[5]中指出，传统的基督宗教灵修有四点不足：（1）过分强调理性的祷告；（2）倾向将身体与灵魂二分；（3）不适合平信徒；（4）缺少社会的向度。他提出结合东西方祈祷默想的智慧，改进祷告的操练，响应当下西方社会寻求内心智慧的需要。[6]

庄士敦吸收禅修的方法对提出一种改进的灵修祷告方法：

（1）信徒祷告时通常是停留在理性上，在理智与感观的主导下，浮沉于心灵表面意识之中，这样的水平式祈祷(horizontal meditation)不能引领祷告者进入心灵深处。因此，他吸收禅修的观点，提出垂直式的祈祷（vertical meditation），即，放弃祈祷时所依靠的理性与感觉，放弃自我中心，放弃一切二元分立，放弃对上帝做概念式的思考，以进入"实存式的祷告"（existential prayer），让上帝与真我的存有自自然然地呈现。这不是全然否定理性，而是要超越理性与非理性的二元分立。[7]

（2）参考坐禅的方式，提出身体与精神配合的修炼方法，以克服传统上灵肉二分的倾向。虽然东正教也有以身体来祷告的灵修传统，但比起坐禅来则显然尚在初浅阶段。这身心一体的修炼方式通过莲花坐姿来除掉理性的束缚、感受身体，超越时空的限制，意识与潜意识合而为一；通过丹田呼吸达到与宇宙的节奏同步、到达人的存有中心，进入与圣灵（上帝的呼吸）同在之境；通过反复念诵祷文，引导祷告者进入内心的宁静（inner silence），进而可以驱除心灵中一切不洁与杂念，在上帝面前赤露敞开，最终到达上帝的爱中。[8]

在庄士敦的灵修神学中，灵修祈祷的最终目的是要得着对上帝的信仰和爱。他借用"悟"来指称灵修的神秘经验所达到的高峰，那是没有限制的爱、

4　Amos Yong, *Pneumatology and the Christian-Buddhist dialogue: does the Spirit blow through the middle way?* (Leiden; Boston: Brill, 2012).

5　William Johnston, *Mystical Theology: The Science of Love* (New York: Orbis Book, 1995).

6　苏远泰：〈论庄士敦的灵修神学〉，页113。

7　同上，页113-116。

8　同上，页116-119。

完全的委身和信心得着光照。他认为祈祷的方法能让一般信徒踏上与上帝联合之道。他也用东正教"成神"（deification）的观念来诠释与上帝的联合，因此，基督徒的"悟"就是分受上帝的本性。人与上帝的联合是通过爱，是上帝先爱我们，让我们在神秘中与祂成为一体，祷告者与万物和上帝在圣灵的保守下最终合而为一。人的存在在悟中更新，因上帝是"在爱中的存在"（Being-in-Love），所以人在倾空了自己以后，其真我也变成"在爱中的存在"。[9]

庄士敦提出，如何判断祷告者是否悟了，如何知道他所得的悟是出于上帝而非邪恶的力量，这是一个信仰正统教义规范的宗教必然关注的问题。在这个分辨标准问题上，基督教与佛教的观点起了冲突。学禅者是否悟了，全由其导师根据直觉判断，缺乏客观标准。而在基督教，庄士敦提出以《约翰一书》4：2为标准："凡灵认耶稣基督是成了肉身来的，就是出于上帝的，从此你们可以认出上帝的灵来。"这指的是，祷告者在经历过神秘的高峰体验后，是否既生活在父上帝的爱中，又有爱世人的心肠。当祷告者回到现实生活时，他是否像基督一般爱世界、爱贫苦软弱者，是否结出圣灵的果子。[10]

接下来的问题就是当祈祷活动停止，如何保持祷告者所得的"悟"？庄士敦提出，对今天信徒的祷告经历最大的挑战，就是要在世界中有行动，这才是理想的祈祷。他借鉴廓庵禅师"十牛图"表达的终极关怀，即回到日常生活，普度众生。认为祷告者悟后变成"在爱中的存在"，除了爱上帝外，还应爱世上所有的人，尤其是贫穷、软弱、无助、患病、受苦、悲伤的人，在现实世界里实践爱。要保持"悟"，就是要效仿耶稣，在日常生活中懂得去爱世人。他指出，观世音菩萨所代表的慈悲正是基督徒要学习的。[11]

三、苦修传统与"戒定慧"三学

杨伟明（Amos Yong）在对东正教和沙漠教父的苦修与上座部觉音尊者的《清净道论》的比较研究中[12]，分现象与实践、心理学与认识论、神学与圣灵

---

9 同上，页 118-122。

10 同上，页 122-124。

11 同上，页 124-126。

12 见 Amos Yong, *Pneumatology and the Christian-Buddhist dialogue,* Part Two: "Spirit, Salvation, and the Eightfold Path: Divine Activity and Liberation Along the Middle Way".

论三个方面对基督教的苦修传统与上座部佛教以"戒定慧"三学为核心的修行传统做了比较。东正教的修行传统则是以《爱美》（*Philokalia*）[13]一书为主要内容。该书是一部文集，收录从 4 世纪到 15 世纪出自历代正教神学大师之手的关于正教静修传统（hesychast tradition）的文献，主要用于指导修士们的灵修实践。

从现象与实践的方面，沙漠教父与东正教传统强调肉体的禁欲和远离世俗，诸如禁食、彻夜不眠等苦修即意味着对世俗的弃绝，随之而来的奇迹则表示他们已经超越了支配人类的自然律。上座部佛教同样寻求离断对世俗之物的欲望，包括对事物、对"我"的妄见，已得阿罗汉果的修行者也以神力显示他们已经超越了具体存在的支配。因此，至少在现象的层面上，二者的外在生活方式展现出了相似。二者的不同之处则在于修行的终点，东正教的灵修以见到上帝（the vision of God）达到顶点，而阿罗汉修行则以涅槃为极境；沙漠教父专注于战胜肉体的欲望和魔鬼的引诱这两个朝圣之旅上的障碍，而阿罗汉则将修习看做自律，修善行是对身口意的训练；从根本上讲，东正教的《爱美》提供的是与上帝重修旧好的科学，而《清净道论》制订的则是从无始无明、贪嗔痴三毒中解脱自我的拯救之路。[14]

而"耶稣祷告"（Jesus Prayer）与上座部的瑜伽冥想之间的相似则表现在身心调适与呼吸技巧上，反复念诵祷文与冥想时唱诵咒语起着同样的作用，二者都假定了灵修之路上身、心、灵之间的相互依赖；东正教的内转于心以与宇宙一体，与上座部之训练身体以调试意念来看穿意念的虚妄也是类似的。不过二者背后的理论基础则不一样，前者建基于耶稣的位格中连接超越与受造的道成肉身之桥，而后者如果不是无神论的也至少是一种非神论（non-theistic）的世界观；前者寻求的是一种基于人际之爱的人格化的个人主义，而后者寻求的是基于无我论的非人格化的普世主义；前者是导向历史维度和末世论的拯救论，而后者则是一种为了逃离轮回苦的拯救观。[15]

（2）从心理学和认识论的方面看解脱。这方面的分析主要对应的是"定"的阶段，亦即两个传统以心灵的觉醒与清净为重点发展出来的解脱技术。而

---

13 参 G. Palmer, Philip Sherrard, and Kallistos Ware, Introduction, in *The Philokalia: The Complete Text (Vol. 1)*, compiled by St. Nikodimos and St. Markarios (London; Boston: Faber and Faber, 1979), pp. 11-18.

14 Amos Yong, *Pneumatology and the Christian-Buddhist dialogue*, p. 161.

15 Ibid., pp. 164-166.

在前一个"戒"的阶段所培养的肉体的禁欲与身体外在行为的圣化则得到了保留。对沙漠教父来说,这里要克服的不仅是肉体的引诱,而且是在追求与上帝合一的过程中魔鬼对精神的袭扰。这一转向内部的过程中也包含了一种由人类的知觉感知到的事物到理解、认识事物真实所是的一种转变,即穿透事物的外在形式而发现其"精神实质"或"内在原理",以明白其存在的真正、或神圣的原因。这会使修行者与他者及世界形成一种恰当的关系。这一阶段的成功体现为获得平静和心灵的觉醒,即一种巧妙处理人的存在中物质或精神挑战的人格之出现。[16]

而对修阿罗汉果者而言,类似地也是由培养外在的美德与行为转向对心灵的训练。此一阶段的目标是"定"(samadhi),修定的主题则是对治贪嗔痴三毒。超越表面的现象认识事物真实的存在方式,亦即认识自我的非实在性,或一切事物间的因果关联(因缘)。因此"定"的境界表现为对周围环境的正念。一心专注不散乱,"我"沉着不焦虑,充满平静而不是被激情左右。[17]

杨伟明将二者的第二个精神修炼阶段称为"解脱的精神动力学"(psycho-dynamics of liberation)[18],并提出了如下疑问:拯救或解脱能否主要从认识论的范畴来理解,或者说被看作一套认知的转化过程?佛教所说的"知诸法实相即解脱轮回苦"与基督教所说的"你若口里认主耶稣,心里信神已叫他从死里复活就必得救(《罗马书》10:9)"都是在这个意义上理解的吗?[19]

杨伟明认为,首先,两个传统都既强调内容也强调过程,归心/正念的修习并非只是朝向终点的手段而已,它本身即是内在于觉醒的经验,并且,归心/正念的对象也是有着深刻的意义。其次,从东正教的修行强调肉体的洁净、心灵的觉醒、人的神化(theosis)三者之间的互相关联,上座部佛教亦强调戒定慧三者之间的相互联系来看,则两个传统都并非只将拯救或解脱限于认识论,而毋宁说认识论是一个必要的维度。二者的拯救都朝向物质—认知—精神世界的整体关联。[20]

---

16 Ibid., pp. 166-167.
17 Ibid., p. 167.
18 Ibid., p. 168.
19 Ibid., p. 169.
20 Ibid., pp. 169-170.

　　杨伟明借用 Peter Feldmeier[21]的观点，认为跨进佛教的实践再返回基督教自身可以深化基督教的精神修炼。上座部佛教的冥想可以让人认识到万物依因待缘而有的无常，帮助人破除执着获得镇静，并可长养基督教虚己与自我牺牲（self-emptying and self-crucifixion）的精神。[22]当然，考虑到宗教实践的语言文化背景，如何在保持对自己信仰的忠诚度的前提下有效借鉴他者的经验则是一个值得思考的问题。比如，一个人是否可以在事奉人格上帝的同时又将终极实在理解为非人格的。再者，一个人在此一期生命中能完全投入另一个传统又保持自身传统的完整性，看起来是不太可能发生的。[23]

　　（3）杨氏认为，在神学或终极的问题上，两个修行传统最大的不同就展现出来了。即，东正教的成神对上座部佛教来说是陌生的，"成神"与"涅槃"概括了二者精神修行目的上最为根本的不同。作者认为，就像在圣子的道成肉身中所见证的那样，人在上帝的形象中得到新生，对佛教徒来说这样的观念是陌生的。而最终的拯救被理解为跳出轮回不受后有，这一点大概也很难被基督徒理解。[24]

　　不过，杨氏也提出，虽然这些差别不可轻描淡写，但其实在这一阶段的修行上二者也是有许多相似之处。比如东正教的圣人与上座部的阿罗汉都是经历完美，虽然前者用的术语是神化（sanctification）和圣化（divinization），而后者是洁净德行、心灵和理智；二者都经历摆脱贪欲、激情、瞋恚的过程，最后都与世间的他者和平共处。最重要的是，圣人和阿罗汉都以进入超越的经验为获得拯救或觉醒。在东正教中，与上帝合一的标志是在上帝的显现中达到心灵深处的平静获得灵魂和精神的安宁。此时，所有的烦恼惑乱都已离断，人与神的二元（在神圣能力中）也被克服了。与此相类，阿罗汉也以获得超越日常知觉、认知模式的甚深智能为标志，阿罗汉是破除了烦恼贼害者。总而言之，了达万物的真实性质（知诸法实相）是两个传统之修行果位的共同特点。[25]

　　由于杨氏该书是以圣灵论的进路讨论耶佛对话的问题，所以他提出，这样的比较工作背后的推动力正是：在圣灵论的框架下理解这些相似性是否可

21　Peter Feldmeier, *Christianity Looks East*, pp.104-114.
22　Amos Yong, *Pneumatology and the Christian-Buddhist dialogue*, p. 170.
23　Ibid., p. 171.
24　Ibid., pp. 171-172.
25　Ibid., pp. 172-173.

以深化对佛教和基督教的理解？第一个假设是，这些精神技术的相似性提示了实践目标的并不分歧而正是同一个目标，是同一个神圣精神通过不同文化宗教背景所传达的同一拯救经验。但这样的假设会带来的问题就是，既然这仅仅是用不同语言描述的同一个精神历程，那对话就变得毫无价值。那么，第二条路就是假设在世界的其他宗教中也有圣灵的在场和活动，基督徒应该尊重其他信仰并向他者学习。[26]而区分圣灵与其他的灵之神学判准则有以下经证：神化应始于被圣灵引导，出产圣灵的果实，就是仁爱、喜乐、和平、忍耐、恩慈、良善、信实、温柔、节制；而不是行肉身的邪情私欲，如奸淫、污秽、邪荡、拜偶像、邪术、仇恨、争竞、忌恨、恼怒、结党、纷争、异端、嫉妒、醉酒、荒宴等类（见《加拉太书》5：19-23）。神化是心意的转化和更新所带来的察验何为神的善良、纯全可喜悦的旨意的能力（罗马书》12：1-2），这个过程涉及圣灵的显现和做工（《哥林多前书》2：9-16）。在这个意义上，神的善良、纯全可喜悦的旨意是否可以在道德和伦理的意义上反映为爱人如己（《雅各布书》2：8-17）？如果是这样的话，即是没有明确与耶稣之名联系，只要在其他信仰中找到了爱人如己的诫命，也可以辨识出圣灵（参考《约翰一书》3：11-24），对圣灵的显现和做工最终的判断标准是效法圣子的模样而得荣耀（《罗马书》6-8，尤 8：29-30）。[27]由此，杨氏提出一个疑难：上座部佛教以涅槃为终极，如果涅槃被理解为寂灭（extinction）（从最好的意义来理解是无我，最坏的意义上是本体论的虚无主义），那么是否就表示其中没有圣灵的显现与做工呢？[28]

杨氏认为，即便承认终极目的上的差异也不能否认这种对话对神学的促进，圣灵在其他信仰中的在场与活动正是使得人类相遇、对话、相互理解的原因。这样的对话不仅可以加深基督教神学的自我理解，也可在实践层面促进各宗教的合作，例如在社会政治和环境议题上。[29]

四、《起信论》与内在对话

上文所讲的两类内在对话，或从弥补基督宗教的灵修之不足之处，或从圣灵之显现与做工的角度，讨论与佛教修行观之对话可以带来的帮助。

---

26 Ibid., pp. 173-174.
27 Ibid., p. 175.
28 Ibid., p. 176.
29 Ibid., p. 176.

　　杨伟明以寂灭意义上的"涅槃"为佛教修行的终极，认为这是一种消极的，与基督教颇为异质的终极目的。这将使对话最终有着不可调和的分歧，妨碍其找到圣灵做工的相关证据。类似的见解也见于蒂利希对两个宗教之终末论的诠释，他曾指出，涅槃与上帝国分别是佛教与基督宗教对终极境地的象征，此二象征将引致对社会伦理有不同的重点。[30]在蒂利希后期著作中，强调上帝国临在于日常生活中："它正在此时此地出现，在每一个爱的行动，每一个真理的显现，每一个喜乐的时刻，在每一个对神圣的经验。"[31]蒂利希认为，基督教所讲的上帝国，基本上是社会性的、政治性的和位格性的（personalistic）；而佛教所说的涅槃是本体论的象征。二者背后的本体论原理是不同的，前者强调参与（pariticipation），后者着重同一（identity）。[32]上帝国的象征具有一种革命性，能启导对社会的急剧改变。而佛教涅槃的象征中引申出来的基本态度是：不是要改变现实，而是从现实中解脱出来。[33]不过，蒂利希也认为，佛教中"常有一种对生命的所有向度的痛苦的普世性而发的深切悲悯"，这是基督教应该并且可以学习的。[34]

　　对涅槃做消极的、虚无主义式的理解在西方学者中并非个案，在耶佛研究（Buddhist-Christian Studies）中也常常以此为佛教的限制（limitation）和与基督教的终极差别而成为对话的界限。在大乘佛教中，对终末的诠释与上述两者（杨伟明和蒂利希）对涅槃的理解有所不同，依《成唯识论》，涅槃有四种[35]：（1）本来自性清净涅槃。指众生平等共有真如，本性乃是涅槃；（2）有

---

30 赖品超：〈田立克对上帝国的诠释与汉语基督教终末论〉，见氏著：《边缘上的神学反思》（香港：基督教文艺出版社，2001年），页160-161。

31 Tillich, *Theology of Peace*, pp. 188-189. 转引自赖品超：《边缘上的神学反思》，页145。

32 赖品超：《边缘上的神学反思》，页146。

33 同上，页161。

34 同上，页147。

35 "涅槃义别略有四种：一本来自性清净涅槃。谓一切法相真如理，虽有客染而本性净。具无数量微妙功德，无生无灭湛若虚空。一切有情平等共有，与一切法不一不异。离一切相一切分别，寻思路绝名言道断，唯真圣者自内所证，其性本寂故名涅槃；二有余依涅槃。谓即真如出烦恼障，虽有微苦所依未灭，而障永寂故名涅槃；三无余依涅槃。谓即真如出生死苦，烦恼既尽余依亦灭，众苦永寂故名涅槃；四无住处涅槃。谓即真如出所知障，大悲般若常所辅翼。由斯不住生死涅槃，利乐有情穷未来际，用而常寂故名涅槃。一切有情皆有初一，二乘无学容有前三，唯我世尊可言具四。"护法等菩萨造，唐·玄奘译：《成唯识论》卷十，CBETA电子佛典集成，T31，No.1585.

余依涅槃。即一种相对的真如境界，虽已觉悟出烦恼障，但仍有微细的色身未尽，仍有业报；（3）无余依涅槃。仍是相对的真如境界，脱离了生死轮回，不再有色身束缚；（4）无住处涅槃。此境界是真如的自发活动，脱离了所知障（执着于所证之法而障蔽其真如根本智），满有慈悲与智慧，不住生死也不住涅槃，永远利乐有情众生。[36]声闻缘觉能证得前三种涅槃，只有佛菩萨才具有第四种涅槃。大乘佛教的终极追求乃是"无住处涅槃"，最后的境界不在于无念，而在于对众生的慈悲。《起信论》中，菩萨三发心之第一"信成就发心"中，菩萨就是发此不住涅槃的大悲心，尽未来际修一切善行，平等救拔一切众生。

正如杨伟明指出，当前的佛耶对话已经转向至僧侣间的修行实践与灵修的层面，而不仅是专注于哲学或神学讨论。[37]可惜的是，在上述的修行实践对话中，学者都只关注上座部传统中的"戒定慧"三学，大乘佛教所通行的"六度"修行观则几乎未入诸研究者法眼。"六度"是在"戒定慧"三学基础上的丰富和深化，而《起信论》之"五行"，则是对"六度"的改造。既然在人性论与拯救论上东正教传统与《起信论》有更多的对话空间，则没有理由不将其修行观也纳入考虑。而由上文的讨论可见，大乘佛教的终极境地恰恰不是阿罗汉那种"寂灭"的、静态的、对众生冷漠的、"自了"的，[38]而是不住生死涅槃，回向世间拔一切众生苦。不住生死，是不陷溺于轮回，不被世间烦恼染污，这是由修行般若达至的；而不住涅槃，"如愿转生"，以轮回为乐土，则是发自菩萨之悲心。[39]在大乘佛教的最高修行果位中，悲智双运，涅槃生死不二，两个方面的互补与成全才成就了大乘菩提道。[40]可以想见，学者在与上座部佛教的对话中所遇到的疑难应可于大乘佛教中得到化解。

《起信论》用简单、基本又普遍适用的范式来系统地总结大乘佛教各阶段基本教义和修习方法[41]，其"五门"修习是对其前文所述"真如法"的实践修行，而且五门也正是总结整合了一个基本又普遍适用的大乘修习法。作为

---

36 以上对四涅槃之解释曾参考 D.T. Suzuki trans., *Asvaghosha's Discourse On the Awakening of Faith in the Mahayana*, p.119, fn. 1.

37 Amos Yong, *Pneumatology and the Christian-Buddhist dialogue*, p. 165.

38 参考 Nagao Gadjin（长尾雅人），"The Bodhisattva Returns to This World," in *The Bodhisattva Doctrine in Buddhism*, edited by Leslie Kawamura (Waterloo, Ont., Canada: Wilfred Laurier University Press, 1981), p. 61.

39 Ibid., p. 71.

40 Ibid., p. 73.

41 Hakeda S. Yoshito (tr.), The *Awakening of Faith: Attributed to Asvaghosha*, pp. 15-16.

接引初学者的论纲，它将传统"六度"（布施、持戒、忍辱、精进、禅定、般若）之后二"禅定、般若"合为"止观"，成为五门的修行。而将"六度"限定在对真如法有甚深的信解，所修的功德能"离相"而不着的"解行发心位"的菩萨之证德的意义上来说。[42]而"止观"则比禅定、般若要轻浅，与初学者相应，在方便修习的基础上，也对后世东亚大乘佛教发展过程中的宗教实践影响深远。[43]

《起信论》说五门修行曰：

> "修行有五门，能成此信。云何为五？一者、施门，二者、戒门，三者、忍门，四者、进门，五者、止观门。"（T32n1666.0581）

第一、修行施门。布施有三种：财施、法施、无畏施。在称合自己力量范围内（"随力施与"、"随己堪任"）自利利他（"令彼欢喜，自舍悭贪"），回向菩提：

> "云何修行施门？若见一切来求索者，所有财物随力施与，以自舍悭贪令彼欢喜。若见厄难恐怖危逼，随己堪任施与无畏。若有众生来求法者，随己能解方便为说。不应贪求名利恭敬，唯念自利利他回向菩提故。"（T32n1666.0581）

第二、修行戒门。针对初学者的持戒则重在止恶，论中分身口意三业而说。对于出家者，则除上述"共戒"以外还要守"不共戒"，即为了"折伏烦恼"，"应远离愦闹、常处寂静，修习少欲知足头陀等行"。而对"小罪"的"心生怖畏，惭愧改悔"则是要防微杜渐免泛滥成大过。另有一等本来无关紧要的事，但一般大众以为不好，出家人也不应去做，以免众生因讥嫌而起罪过，此是随顺众生与社会的方面：

> "云何修行戒门？所谓不杀、不盗、不淫、不两舌、不恶口、不妄言、不绮语，远离贪嫉、欺诈、谄曲、瞋恚、邪见。若出家者为折伏烦恼故，亦应远离愦闹、常处寂静，修习少欲知足头陀等行。乃至小罪心生怖畏，惭愧改悔，不得轻于如来所制禁戒。当护讥嫌，不令众生妄起过罪故。"（T32n1666.0581）

第三、修行忍门。常泛称忍辱，实则修行忍门不一定是忍辱，本论分众生忍与法忍二种。众生忍：忍他人的恼苦逼迫，"心不怀报"，《法句经》曰：

---

42 参考印顺：《大乘起信论讲记》，页 330-333。

43 见本文第二章第二节相关论述。

"以怨止怨，怨恒不止。舍怨方止，此恒真理"，对个人佛法是取忍辱的态度。法忍：对"利、衰、毁、誉、称、讥、苦、乐"等世间八法，若因之生起烦恼，则不能如法进修一切德行。忍者，不仅要忍苦，亦要忍乐，即对一切境界，安忍不为所动：

> "云何修行忍门？所谓应忍他人之恼，心不怀报；亦当忍于利、衰、毁、誉、称、讥、苦、乐等法故。"（T32n1666.0581）

第四、修行进门。修行时当念自己从过去久远以来，徒然虚受一切身心大苦而无真实的利益。如今因为修行多少要受苦，便算不得什么，当于诸善事心不懈退，立志坚强，不怕困难，不怕时间久长，远离畏惧怯懦的心情。而对于修诸善行中遇到的障碍，即"以从先世来多有重罪恶业障故，为魔邪诸鬼之所恼乱，或为世间事务种种牵缠，或为病苦所恼"，对这些障碍，修习者应当勇猛精勤，昼夜六时修易行道，如此可免除诸障，善根增长。这是因为初学者力量薄弱，业障又重，则要修礼佛等助道行，以助成精进的正行：

> "云何修行进门？所谓于诸善事心不懈退，立志坚强远离怯弱。当念过去久远已来，虚受一切身心大苦无有利益，是故应勤修诸功德，自利利他速离众苦。复次，若人虽修行信心，以从先世来多有重罪恶业障故，为魔邪诸鬼之所恼乱，或为世间事务种种牵缠，或为病苦所恼。有如是等众多障碍，是故应当勇猛精勤，昼夜六时礼拜诸佛，诚心忏悔、劝请、随喜、回向菩提，常不休废，得免诸障、善根增长故。"（T32n1666.0581-0582）

第五、修行止观门。修止是使心不散乱，摄持正念，而后渐渐修习，可悟入"真如三昧"，乃至"一行三昧"，生"无量三昧"。而修观则是观诸法无常、苦、空、不净而发大悲心，由大悲心立大愿，由大愿而勤修善行，利益众生：[44]

> "云何修行止观门？所言止者，谓止一切境界相，随顺奢摩他观义故。所言观者，谓分别因缘生灭相，随顺毗钵舍那观义故。云何随顺？以此二义，渐渐修习不相舍离，双现前故。"（T32n1666.0582）

修五门行以成就对大乘法的信心，信心成就即入发心住位。修止观是入菩提道、住佛种姓的正常方便。除此之外，《起信论》另有念佛法门，以为特

---

44 详见本文第二章第二节"《起信论》的修行观"。

殊根器人的特殊方便。[45]

由以上对《起信论》修行观之分析，可见其突出的菩提道特色，实时时不失大乘精神，不忘度生救世之大任。接引初学，俯就群机，正是展现真如回向世间的能动性，起到影响世间、转化世间的大用，是《起信论》动态的真如（dynamic suchness）之真意。

禅与如来藏系思想，有深厚的渊源，禅宗（尤北宗禅）之修行实践，实与《起信论》一脉相承。[46]以《起信论》的修行实践为对话对象，不仅能涵括禅宗的修行方式，甚至能补其不足。《起信论》所主张的"唯除坐时专念于止，若余一切，悉当观察应作不应作。若行若住、若卧若起，皆应止观俱行"（T32n1666.0582），将止观修行渗透至世俗生活之中，正与禅宗旨趣相同，[47]借王阳明的话说，"不离日用常行外，直造先天未画前"。

如庄士敦所提出的灵修神学中，参照十牛图提出基督教修行的最高目标，这十牛图中的牛，譬喻或象征自家生命的真实的本性、真性，或佛性。十牛图颂所反映的思路，就是肯定一切众生本有清净的佛性或清净心，或一般所谓真性。这真性若不能显露，生命便成迷妄而在三界中轮转；若能显露，便能从轮转中超拔出来而得觉悟、解脱。[48]十牛图所表达的终极关怀"返本还源"和"入廛垂手"，正是重视现世情怀（worldly concern）的。吴汝钧认为，禅宗的义理脉络，"仍然是缘起性空的立场，不舍世间的态度。"[49]

庄士敦所指出的禅宗修行的缺陷，即认为学禅者是否得悟没有客观标准来判断，在《起信论》中恰好有相关的补足，其修行"止"门中强调了对真三昧与外道三昧的分辨：

> "复次，依如是三昧（注：真如三昧）故，则知法界一相。谓一切诸佛法身与众生身平等无二，即名一行三昧。当知真如是三昧根本，若人修行，渐渐能生无量三昧。
>
> 或有众生无善根力，则为诸魔外道鬼神之所惑乱，若于坐中现形恐怖，或现端正男女等相，当念唯心，境界则灭，终不为恼。或

---

45 见本文第二章第二节。

46 参龚隽：《禅史钩沉》第五章〈中国禅宗历史上的"方便通经"〉，页228-261。

47 参杜继文：《汉译佛教经典哲学（下卷）》，页563。

48 吴汝钧：〈十牛图颂所展示的禅的实践与终极关怀〉，《中华佛学学报》第4期（民国80年），页313-340。

49 同上，页325-326。

现天像、菩萨像，亦作如来像相好具足，若说陀罗尼，若说布施、持戒、忍辱、精进、禅定、智慧，或说平等、空、无相、无愿、无怨无亲、无因无果、毕竟空寂是真涅槃。或令人知宿命过去之事，亦知未来之事，得他心智，辩才无碍，能令众生贪着世间名利之事。又令使人数瞋数喜，性无常准。或多慈爱多睡多病，其心懈怠。或卒起精进后便休废，生于不信多疑多虑。或舍本胜行更修杂业。若着世事种种牵缠，亦能使人得诸三昧少分相似，皆是外道所得，非真三昧。或复令人若一日若二日若三日，乃至七日住于定中，得自然香美饮食，身心适悦不饥不渴，使人爱着。或亦令人食无分齐，乍多乍少颜色变异。以是义故，行者常应智慧观察，勿令此心堕于邪网。当勤正念不取不着，则能远离是诸业障。应知外道所有三昧，皆不离见爱我慢之心，贪着世间名利恭敬故。"（T32n1666.0582）

此中，"真如三昧"是修止的最高境界。在庄士敦的灵修神学中，虽然高峰经验某种程度上是无法为理性和语言把捉的，但可以根据祷告者回到现实生活世界时是否变成"在爱中的存有"来判断他是否得悟，他所得的悟是出于所信仰的上帝而不是邪恶的力量。[50]《起信论》此处的论述逻辑非常类似，修行者所得究竟是真如三昧还是外道邪三昧，其判断的根本标准是"不住相"，另外在出定后情形要正常，"无懈慢，所有烦恼渐渐微薄"。因为"一切法本来无相"，所以正三昧是"不住见相，不住得相"的，因不依一切境界相，所以"不住见相"，由无所住而修，所以也"不住得相"。[51]三昧并非佛法特有，凡能意志集中，达到身心宁静，都是三昧（如凡夫和外道共的四禅八定）。不过凡夫和外道所得的三昧，是与见、爱、我慢所代表的思想、情感、意志等方面的一切烦恼相应，是贪着世间名利恭敬的。这样的邪三昧最终会退失"定"的境界而造作恶业：[52]

"真如三昧者，不住见相、不住得相，乃至出定亦无懈慢，所有烦恼渐渐微薄。若诸凡夫不习此三昧法，得入如来种性，无有是处。以修世间诸禅三昧多起味着，依于我见系属三界，与外道共。若离善知识所护，则起外道见故。"（T32n1666.0582）

---

50 苏远泰：〈论庄士敦的灵修神学〉，页 122-124。

51 参考印顺：《大乘起信论讲记》，页 386。

52 同上。

　　《起信论》的修习禅定，是要靠师友（善知识）帮助的，因为众生善根力薄，修习过程中易为诸魔外道所惑乱而现起种种境界，对这些境界要有正知，需要随时请求善知识开示，此是修止所必备的资粮。[53]这样的经历在基督教和佛教是类似的。在庄士敦对神秘经历的描述中，他多次强调祷告者在入悟之前，会经过黑暗（darkness）的试炼，就是隐藏于人潜意识内的阴暗面开始浮现，内心产生恐惧、担忧、怨恨、恶毒等。[54]在《爱美》的记述中，追求与上帝合一的过程中要战胜魔鬼对精神的侵扰。[55]其间的差别是，庄士敦解释黑暗之所以来临是因为人心里的罪，罪导致世物产生分离，叫人害怕与上帝相遇。[56]而《起信论》所说"无善根力"则包含因过去熏集的恶业多，或过去未有积集广大的福慧资粮，或动机不正确，或戒行不清净。[57]

五、结语

　　由上文分析可知，《起信论》的修行实践在二乘共法的基础上，以趣入大乘菩提道为真正目标，做了具有特色的重构与改进。若以基督宗教的角度，考虑到基督教内部肯定人性美善、神人合一的理想、以及人的努力在拯救中的地位的神学资源和倾向，考虑到多维而普世的拯救，[58]与大乘佛教的修行观之对话可能更有积极的意义，而《起信论》的修行论即是一适用又合宜的代表。此是从拯救论与修行的终极目标的角度来考虑。若从"密契"的角度看修行本身，《起信论》所谓"是真心常恒不变净法满足，故名不空，亦无有相可取，以离念境界唯证相应故"，此真如的奥秘，唯证得佛果的觉者在证悟中方能真正了知，正如东正教的灵修终点与上帝合一，人神之间的二元被克服，在与上帝的"密契"中体知上帝那不可言说分别的奥秘。

53　同上，页 380-388。

54　William Johnston, *The Still Point: Reflections on Zen and Christian Mysticism* (New York: Fordham Univ. Press, 1970), pp.9-11；苏远泰：〈论庄士敦的灵修神学〉，页 119。

55　Amos Yong, *Pneumatology and the Christian-Buddhist dialogue,* p. 118-126.

56　苏远泰：〈论庄士敦的灵修神学〉，页 120。

57　参考印顺：《大乘起信论讲记》，页 380。

58　参考赖品超：〈汉语神学与拯救论〉，《道风·基督教文化评论》，第四十四期（2016年春），页 153-179。

第九章 结 论

本文通过对《大乘起信论》这部佛教之"大公信经"的内容进行全面总结，界定其与当前进行中的佛耶对话之主题的相关性，回顾和考察了它在过去的比较和对话研究中所扮演过的角色，提出了自己的探索。

19世纪末20世纪初，东西方文化交流与碰撞日渐增多，西方学术界对佛教的研究也开始转向成熟与深入，这时期不妨视为宗教对话发轫之初。《起信论》在这时就已经开始了它沟通宗教的使命，李提摩太与铃木大拙都将它视为大乘佛学的代表而译介给西方学界。本文认为，铃木大拙所界定的"真如、三身、信仰解脱"三大主题确是《起信论》中的重要内容，而且也与后世宗教对话的主题暗合，可以说，在某些话题上启发了后来的佛耶对话。而他对《起信论》的翻译，作为试验性工作，也可以说较为恰当准确地传达了文本的思想。李提摩太对《起信论》之基督教化的翻译虽算不上"信达"，但他是本着开放谦和与平等的态度，对大乘佛学表达真诚的欣赏，这样的态度，已经远超他同时代的传教士与西方学者，而达到了后世宗教对话中"多元主义"者的眼光与高度。他从《起信论》与《法华经》中看到与基督教之相似之处，并不是通常所认为的表面相似，而正是如来藏类经典在终极实在和信仰问题上与基督宗教精神上深刻的相通。他们二者的研究与发现，正好说明《起信论》能够担当沟通宗教的重任，堪为宗教对话的媒介。

本文按《起信论》之终极观、人性论、拯救论、修行观的脉络，将其引入佛耶对话的相关话题，得出以下几点结论：

（1）终极实在方面。以往的对话中学者常以"空"为佛教之终极观，用以改造或重构基督教的上帝观，这样的比较是片面和单一的。这些研究将上帝理解为空，来说明祂出于爱而自我倾空，创世与拯救。他们认为这样可以解决希腊哲学的形而上学概念体系在神学表述上的不足，即以实体、本质的概念无法圆满解决神圣本质与三个位格之间关系的问题，或由于上帝与世界的二元对立所造成的人之生存焦虑。他们或期望以此恢复三一教义在信仰生活中的地位，或期望解决现代社会中虚无主义对人之存在的挑战。但这样的理解会引起一系列困难，有神学家认为虚己的概念不可普遍化，创造的行为是上帝善意分享生命的行动，而不是自我否定。有神学家认为，以"空"这样一个形而上学的"本质"范畴取代了三一的位格范畴，就失去了位格和本质间的平衡。还有神学家认为，这样是混淆了三一上帝内部的虚己和上帝在世界中的虚己，这样是贫乏了基督徒对虚己的理解。上帝始终保持着超越性和独立性。

本文认为，以《起信论》之"真如"为终极实在，从真如为一切存在的本体论，平等遍在于一切存在中，可以更恰当的理解上帝与世界即超越即内在的关系。真如法身自体之德相穷广极大、圆满具足，比"空"更能相应于上帝之全知全能全在。而真如之非实体性，与一切法不一不异的关系，则与蒂里希对上帝与万物关系之论述如出一辙。在"真如随缘不变"中理解道成肉身中基督之虚己，有助于理解基督的神人二性。

（2）人性论方面。《起信论》是以众生皆有自性清净的如来藏心，它是常住不变的，是众生厌离生死苦，欣求涅槃的原动力。此"众生心"是"真如"在存在层面的表达，它"不变随缘"即肯定了经验世界中恶的现实性，而"随缘不变"则说明了恶是无本质的，保证了恶的可被遣除。从人的存在而言，人既超越地属于绝对层面，又现实地处于现象的、有限的、染污的层面。成佛即是此真如心的实现，染法去尽的"究竟觉"。

在汉语世界的语境中，常有人以基督宗教的人性论主张性恶，而儒家主张性善作为二者间最根本的差异，认为其间有着不可调和的矛盾。但在主张原罪的人性论之外，基督教传统中一直是有一种动态和积极的人观，设定了人性的已蒙救拔和可臻完善。无论是代表"东方希腊"传统的爱任纽还是代表"西方拉丁"传统的奥古斯丁，都肯定了一种动态的人观，在不否认堕落及其对人的影响的情况下，设定了人性之善，即人之可被完善或人之所秉有的神之形象可被修复。人性之善不仅在于其创造，更重要的是在于其已蒙救拔和可臻完善。真正的人性是由道成肉身的基督中启示的人性来定义。人是按上帝的形象与样式被造的，人被带至完美，人的"成神"或与上帝合德，恰似大摩尼宝磨尽矿秽之垢而展现出体性明净。

在"如来藏与基督论"的争论中，学者的根本分歧在于基督所取得的人性是本质上即败坏的人性，还是"照着上帝的形象和样式所造的"可臻完善的人性。笔者以为，上帝创世既然不是出于被迫，而是出于爱和恩典分享生命，那人性就必然是已蒙恩的人性。若以罪性为人性的本体论，那是遗忘了上帝的创世这一重要的前提。

（3）拯救论方面。众生虽有自性清净的真如心，但无始以来即是业障深重，有无量烦恼染垢。与这样的人性论相应，《起信论》之拯救论是以真如体用熏习为本，众生由不觉而始觉终至染法去尽而"究竟觉"，显现本觉的真如心。觉醒，是首先"自信己身有真如法"，其实也就是意识到自己身陷无明，而对真实境界有所觉醒并发心修行。这是真如的"自体相熏习"，是真如本身具有的能力。而真如的"用熏习"，就是众生的外缘之力。这外缘之力，就是诸佛菩萨善知识慈悲愿护，一切经论教义的开示引导。

而在基督宗教的拯救论中，除了基督以自己的死赎了人的罪之单一的拯救论，还有将基督视为榜样、导师、启蒙者，人可以通过基督的启蒙而觉醒，在神人合力中完善其自由与美德的生命之"觉"的拯救观。与真如的体用熏习相比较，内因是人里面的上帝形象，外缘则是作为"觉有情"的基督给人带来的启示与光照（illumination）。我们也可以发现，在基督教中一直不乏这种正面的人性论和"成神"的拯救论，只是在汉语世界的认知中，似乎被新教的唯恩典论遮蔽了。

（4）修行观方面。修行观的比较则让我们看到，《起信论》以"不住涅槃"的大乘菩提道为终极目标的修行观，正好是可以与基督教"变成在爱中的存在"这样的修行目的协调。从而解决以往与部派佛教的对话中遇到的困难，即以涅槃寂静为修行的终极目标，显得与"爱人如己"的诫命格格不入。《起信论》的修行实践在二乘共法的基础上，以趣入大乘菩提道为真正目标，做了具有特色的重构与改进。其悲智双运的互补与成全，对生命的所有向度之痛苦的普世性而发的深切悲悯，可以解决基督教在与小乘佛教修行观对话中遇到的质碍。再者，《起信论》的修行实践不仅能涵括禅宗的修行方式，甚至能补其不足，例如对真三昧与外道三昧的分辨，因而在基督教吸收禅修方法所改进的灵修神学中，既能照顾到人在悟中变成"在爱中的存在"，也能提供标准来判断修行者所得的悟是出于上帝而非邪恶的力量。

综上可知，以往的对话或比较研究很少涉及大乘佛学之如来藏一系，这样的研究对佛学的理解是片面的、偏颇的。为了展现佛学更完整的面貌，拓展对话的空间，将眼光转向《起信论》是必要且可行的。

本文的限制则在于，一方面，笔者自知学艺不精，对基督宗教的认知更是浅陋粗疏，未能做到博学约取，因此这里进行的比较仍是相对初步的抛砖引玉。对于前文所讲之四类对话，也只能涉及其中概念对话与内在对话的范畴。只是希望由此稚拙的探索，一窥二宗教精神之相通，体知人类精神共有之奥秘。另一方面，此文乃是跟随先行者的脚踪行，仍是单向度的反思对基督教神学有何意义，未及反思佛教本身的问题和弱点，但这并不表示笔者认为《起信论》就代表了完美无缺的大乘圆教。

佛学从小乘向大乘的转化，乃证明佛教有自我超越的能力。在与其他宗教的对话活动中，对"他者"真理的开放，对自我批判能力的彰显，也许正是其焕发新生的契机。佛陀有示：佛陀带着诸多弟子在外乞食，行至一森林处，佛陀摘下一片叶子，微微一笑，这是佛子问佛陀为何发笑；佛陀问佛子："比丘们啊，是我手中的树叶多，还是这片森林的树叶多？"佛子答："当然是森林中的树叶多。"佛曰："今我所说之法犹如我手中的树叶，而正法就如这森林中的树叶。"[1]可以展望的是，对话能使参与者拉开距离重新审视自己的宗教，发现那些习焉不察的传统中的疏漏，发展他们所忽视的潜质，亦即，对自身作为一个整全系统的完善和完整的表达。

1　如是我闻：一时，佛在摩竭国人间游行，王舍城波罗利弗是中间竹林聚落，大王于中作福德舍。尔时，世尊与诸大众于中止宿。

尔时，世尊告诸比丘：「汝等当行，共至申恕林。」

尔时，世尊与诸大众到申恕林，坐树下。

尔时，世尊手把树叶，告诸比丘：「此手中叶为多耶？大林树叶为多？」

比丘白佛：「世尊！手中树叶甚少，彼大林中树叶无量，百千亿万倍，乃至算数譬类不可为比。」

「如是，诸比丘！我成等正觉，自所见法，为人定说者，如手中树叶。所以者何？彼法义饶益、法饶益、梵行饶益、明、慧、正觉、向于涅槃。如大林树叶，如我成等正觉，自知正法，所不说者，亦复如是。所以者何？彼法非义饶益，非法饶益，非梵行饶益、明、慧、正觉、正向涅槃故。是故，诸比丘！于四圣谛未无间等者，当勤方便，起增上欲，学无间等。」

佛说此经已，诸比丘闻佛所说，欢喜奉行。（宋天竺三藏求那跋陀罗译：《杂阿含经》第四零四，CBETA 大正藏第 2 册，No.0099，第 15 卷）

参考文献

一、中日文参考文献

1. （梁）真谛译：《大乘起信论》。《大正藏》册 32，中华电子佛典协会（Chinese Buddhist Electronic Text Association），简称 CBETA，T32，n1666。

2. （唐）实叉难陀译：《大乘起信论》《大正藏》册 32, CBETA, T32, n1667。

3. 《大乘起信论真伪辩》。台北：建康书局，民国四十五年。

4. 《大乘起信论疏记丛刊》。台北：建康书局，民国四十七年。

5. 阿部正雄著，王雷泉、张汝伦译：《禅与西方思想》。上海：上海译文出版社，1989 年。

6. 邓绍光：〈从天台宗佛学看巴特的基督论〉。《中国神学研究院期刊》，第 34 期，2003 年，页 121-137。

7. 傅伟勋：〈《大乘起信论》义理新探〉。《中华佛学学报》第三期，1990 年 4 月，页 117-147。

8. 高振农：《大乘起信论校释》。北京：中华书局，1992 年。

9. 高崎直道等著，李世杰译：《如来藏思想》。台北：华宇出版社，1986 年。

10. 冈萨雷斯著，陈泽民等译：《基督教思想史》。南京：译林出版社，2008 年。

11. 龚隽：《〈大乘起信论〉与佛学中国化》。台北：文津出版社，1994 年。

12. ＿＿＿：《禅史钩沉》。北京：生活・读书・新知三联书店，2006 年。

13. ＿＿＿：〈铃木大拙与东亚大乘观念的确立——从英译《大乘起信论》（1900 年）到〈大乘佛教纲要〉（1907 年））。《台大佛学研究》第二十三期，民国 101 年 7 月，页 75-118。

14. ＿＿＿：〈译经中的政治——李提摩太与《大乘起信论》〉。《新史学》，2008 年 5 月，页 119-143。

15. 韩廷杰：《唯识学概论》。台北：文津出版社，民国 82 年。

16. 黄夏年：〈《大乘起信论》研究百年之路〉。《普门学报》第 6 期，2011 年 11 月，页 1-21。

17. 金东焕著，谢志斌译：〈从道家"无为"的视角看路德的称义论——以考察"唯独"一词的适切性为中心〉。收入赵林、杨熙楠主编：《比较神学与对话理论》（桂林：广西师范大学出版社，2008 年），页 189-208。

18. 井上克人：《大乘起信論の研究》。吹田市：关西大学出版部，2000 年。

19. 鸠摩罗什译经，智者大师说，章安大师记，朱封鳌校释：《妙法莲华经文句校释》。北京市：宗教文化出版社，2000 年。

20. 凯利著，康来昌译：《早期基督教教义》。台北：中华福音神学院出版社，1984 年。

21. 赖品超：〈李提摩太对大乘佛教的回应：从后殖民对东方学的批判着眼〉。《浙江大学学报（人文社会科学版）》，2010 年 5 月，页 30-39。

22. ＿＿＿＿：《开放与委身——田立克的神学与宗教对话》。香港：基督教中国宗教文化研究社，2000 年。

23. ＿＿＿＿：《边缘上的神学反思——徘徊在大学、教会与社会之间》。香港：基督教文艺出版社，2001 年。

24. ＿＿＿＿：〈从大乘佛学看迦克墩基督论〉。《辅仁宗教学研究》第 2 期（2000 年），页 231-262。

25. ＿＿＿＿：〈超越者的内在性与内在者的超越性——评牟宗三对耶、儒之分判〉。收入刘述先、林月惠主编：《当代儒学与西方文化：宗教篇》（台北：中央研究院中国文哲研究所，2005 年），页 43-89。

26. ＿＿＿＿：《传承与转化——基督教神学与诸文化传统》。香港：基督教文艺出版社，2006 年。

27. ＿＿＿＿：〈罪身、罪性与如来藏——一个基督式人类学的探讨〉。收入许志伟主编：《基督教思想评论》第 5 辑（上海：上海人民出版社，2007 年），页 242-254。

28. ＿＿＿＿：〈在中国佛教徒中宣教：历史与神学的反思〉。载于杨熙楠编：《风随意思而吹：艾香德与汉语神学》（香港：道风书社，2010 年），页 225-242。

29. ＿＿＿＿：《大乘基督教神学——汉语神学的思想实验》。香港：道风书社，2011 年。

30. _____:〈从佛教反思基督宗教上帝观:取道保罗·蒂利希的"终极关切"〉。《辅仁宗教研究》第二十六期（2013 年春），页 91-119。

31. _____:《广场上的汉语神学——从神学到基督宗教研究》。香港：道风书社，2014 年。

32. _____:〈存有与非有:蒂利希、耶佛对话与汉语神学〉。《道风·基督教文化评论》第 43 期（2015 年秋），页 29-50。

33. _____:〈汉语神学与拯救论〉。《道风·基督教文化评论》第四十四期（2016年春），页 153-179。

34. 李提摩太著，李宪堂，侯林莉译:《亲历晚清四十五年:李提摩太在华回忆录》(Forty-five years in China： reminiscences by Timothy Richard)。天津：天津人民出版社，2005 年。

35. 李智浩:《清末民初基督新教来华传教士对中国佛教的诠释——李提摩太、苏慧廉和艾香德个案研究》，香港中文大学哲学博士论文，2007 年。

36. 李宜静:《空与拯救——阿部正雄佛耶对话思想研究》。北京：宗教文化出版社，2011 年。

37. 铃木大拙著，徐进夫译:《耶教与佛教的神秘教》。台北：志文出版社，民国 73 年。

38. 吕澂:〈大乘起信论考证〉，《吕澂佛学论著选集·第一册》(济南：齐鲁书社，1991 年)，页 303-369。

39. 牟宗三:《圆善论》。台北：台湾学生书局，1986 年。

40. _____:《佛性与般若》。台北：台湾学生书局，1977 年。

41. 欧大年、赖品超:《中国宗教·基督教·拯救:中国宗教学家与基督教神学家的对话》。香港：香港中文大学崇基学院宗教与中国社会研究中心，2000 年。

42. 奥尔森著，吴瑞诚、徐成德译:《基督教神学思想史》。北京：北京大学出版社，2003 年。

43. 平川彰:《如来藏と大乗起信論》。東京：株式會社春秋社，1990 年。

44. 平川彰等著，林保尧译:《法华思想》。台北市：佛光文化事业有限公司，1998 年。

45. 潘桂明:《中国佛教思想史稿·第一卷 汉魏两晋南北朝卷》。南京：江苏人民出版社，2009 年。

46. 萨义德著，王宇根译:《东方学》。北京：生活·读书·新知三联书店，2003 年。

47. 释恒清：《佛性思想》。台北：东大图书公司，民国 86 年。

48. 松本史朗著，萧平、杨金萍译：《缘起与空：如来藏思想批判》。香港：经要文化出版有限公司，2002 年。

49. 桐田清秀：《铃木大拙研究基础资料》。镰仓：松岗文库，2005 年。

50. 田养民：《大乘起信论如来藏缘起之研究》。台北：地平线出版社，1978 年。

51. 望月信亨作，释印海译：《中国净土教理史》。台北：慧日讲堂，中华民国 63 年。

52. 萧萐父：《大乘起信论释译》。高雄：佛光文化事业有限公司，1997 年。

53. 杨维中：《如来藏经典与中国佛教》。南京：江苏人民出版社，2011 年。

54. 印顺：《大乘起信论讲记》。台北：正闻出版社，民国 74 年。

55. ＿＿＿：《如来藏之研究》。台北：正闻出版社，民国 70 年。

56. 尤惠贞：《〈大乘起信论〉如来藏缘起思想之探讨》。新北市：花木兰文化出版社，2011 年。

57. 游斌主编：《比较经学》。北京：宗教文化出版社，2014 年第 3 辑。

58. 张文良：〈日本的《大乘起信论》研究〉。《佛学研究》总第 19 期（2010年），页 410-423。

59. 周贵华：《唯识、心性与如来藏》。北京：宗教文化出版社，2006 年。

60. 周志煌：《唯识与如来藏》。台北：文津出版社，1998 年。

二、英文参考文献

1. Abe, Masao. *Buddhism and Interfaith Dialogue*. Edited by Steven Heine. Honolulu: University of Hawai'i Press, 1995.

2. _____. *Zen and Comparative studies*. Edited by Steven Heine. Honolulu: University of Hawai'i Press, 1997.

3. _____. *Zen and the Modern World*. Edited by Steven Heine. Honolulu: University of Hawai'i Press, 2003.

4. Blum, Mark L. "Standing Alone in the Faith of Non-Obedience: Suzuki Daisetsu and Pure Land Buddhism." *The Eastern Buddhist* 39(2008): 27-68.

5. Bohr, P. Richard. "The Legacy of Timothy Richard." *International Bulletin of Missionary Research* 24 no 2 (April 2000): 75-80.

6. _____. *Famine in China and the Missionary Timothy Richard as Relief Administrator and Advocate of National Reform 1876-1884*. Cambridge: Mass Harvard Univ Press, 1972.

7. Cobb, John B. Jr. and Ives, Christopher (eds). *The Emptying God: A Buddhist -Jewish-Christian Conversation*. Maiyknoll, NY: Orbis Books, 1990.

8. Chung, Paul S. "Christian Faith and Buddhist Enlightenment." *Studies in Interreligious Dialogue* 17 (2007): 205-220.

9. Evans, E. W. Price. *Timothy Richard A Narrative of Christian Enterprise and Statesmanship in China*. London: S W Partridge, 1912.

10. Faure, Bernard. *Chan Insights and Oversights: An Epistemological Critique of the Chan Tradition*. Princeton: Princeton University Press, 1993.

11. Fredericks, James L. "Primordial Vow: reflections on the Holy Trinity in light of dialogue with Pure Land Buddhism." In *the Cambridge Companion to the Trinity*, edited by Peter C. Phan (Cambridge University Press, 2011), pp.325-343.

12. Goddard, Dwight. *The Principle and Practice of Mahayana Buddhism: An Interpretation of Professor Suzuki's Translation of Ashvaghosha's Awakening of Faith*. Thetford, VT, 1933.

13. Guang Xing. *The concept of the Buddha: its evolution from early Buddhism to the trikāya theory*. London; New York, N.Y.: Routledge Curzon, 2005.

14. Grosnick, William. "Cittaprakrti and Ayonisomanaskdra in the Ratnagotravibhdga: A Precedent for the Hsin-Nien Distinction of the Awakening of Faith." *The Journal of the International Association of Buddhist Studies* Vol.6 No.2 (1983): 35-47.

15. _____. "The categories of t'i, hsiang, and yung: evidence that Paramartha composed the Awakening of faith." *The Journal of the International Association of Buddhist Studies* 12.1 (1989): 65-92.

16. Gregory, Peter N. "The Problem of Theodicy in the 'Awakening of Faith'." *Religious Studies* Vol. 22, No. 1 (Mar., 1986): 63-78.

17. _____. "Awakening of Faith in Mahāyāna." in *Routledge Encyclopedia of Philosophy*. ed. Edward Craig,Vol. 2. (London and New York: Routledge, 1998), pp. 603–604.

18. Hakeda, S. Yoshito (tr.). *The Awakening of Faith: Attributed to Asvaghosha*. New York:Columbia University Press. 1967.

19. Hubbard, Jamie &Swanson, Paul L. (eds.). *Pruning the bodhi tree: the storm over critical Buddhism*, Honolulu: University of Hawai'i Press, 1997.

20. Ives, Christopher ed. *Divine Emptiness and Historical Fullness: A Buddhist-Jewish-Christian Conversation with Masao Abe*. Valley Forge, P.A.: Trinity Press, 1995.

21. Ingram, Paul O. *The process of Buddhist-Christian dialogue*. Eugene, Or: Cascade Books, 2009.

22. _____. *The Modern Buddhist-Christian dialogue: two universalistic religions in transformation*. Lewiston: E. Mellen Press, 1988.

23. _____. "On the practice of faith: a Lutheran's interior dialogue with Buddhism." *Buddhist-Christian Studies* Vol.21 (2001): 43-50.

24. Keenan, John P. *The Meaning of Christ: A Mahayana Theology.* Maryknoll, N.Y.: Orbis Books, 1989.

25. _____. *The Wisdom of James: Parallels with Mahayana Buddhism.* New York: the Newman Press. 2005.

26. Keenan, John and Linda Keenan. *I am / No Self: A Christian Commentary the Heart Sutra.* Leuven: Peeters. 2011.

27. King, Richard. *Orientalism and Religion: Postcolonial Theory, India and "The Mystic East".* London; New York: Routledge, 1999.

28. Lai, Whalen. "*The Awakening of Faith in Mahayana (Ta-Ch'eng Ch'i-Hsin Lun): A Study of the Unfolding of Sinitic Mahayana Motifs.*" PhD diss., Harvard University, 1975.

29. _____. "A clue to the authorship of the Awakening of Faith: 'Śiksānanda's' redaction to the word 'nien'." *The Journal of the International Association of Buddhist Studies* 3.1 (1980): 34-53.

30. _____. "The Chan-ch'a ching: Religion and Magic in Medieval China." in *Chinese Buddhist Apocrypha* (Honolulu: University of Hawaii Press, 1990), pp. 175-206.

31. Lai, Pan-chiu. "Timothy Richard's Buddhist-Christian Studies." *Buddhist-Christian Studies* 29 (2009): 23-28.

32. Lee, Chi-ho and So, Yuen-tai. "The Reasons Why Timothy Richard the Missionary Participated in Buddhist-Christian Dialogue." *Hill Road* 6, no. 2 (2003): 105-129.

33. Lee, Chi-ho. "Rethinking Christian-Buddhist Dialogue in China-A Case Study of Timothy Richard." *Fujen Religious Studies* 11 (2005): 181-204.

34. Levering, Miriam. 1987. "The person, the Absolute, and ultimate self-transformation in the Awakening of Faith in the Mahāyāna (Ta-sheng Ch'i-hsin-lun)." In *Search of the Divine: Some Unexpected Consequences of Interfaith Dialogue*, edited by Larry D. Shinn (New York: Paragon House Pub, 1987), pp.106-120.

35. Lee, Kenneth Doo. "Comparative analysis of Shinran's shinjin and Calvin's faith." *Buddhist-Christian Studies* 24 (2004): 171-190.

36. Lefebure, Leo D. *The Buddha & the Christ: Explorations in Buddhist-Christian Dialogue.* Marynoll: Orbis, 1993.

37. Lefebure, Leo D. and Peter Feldmeier. *The Path of Wisdom: A Christian Commentary of the Dhammapada.* Leuven: Peeters, 2011.

38. Lopez, Donald S. ed. *Buddhist hermeneutics.* Honolulu: University of Hawaii Press, 1988.

39. Lusthaus, Dan. "Buddhist Philosophy, Chinese." In *Routledge Encyclopedia of Philosophy*. Vol. 1, edited by Edward Craig (London and New York: Routledge, 1998), pp. 80-92.

40. Nagao, Gadjin. "The Bodhisattva Returns to This World." In *The Bodhisattva Doctrine in Buddhism*, edited by Leslie Kawamura (Waterloo, Ont., Canada: Wilfred Laurier University Press, 1981), pp. 61-79.

41. Nomura, Nobuo K. "Shinran's shinjin and Christian faith." *The Pure Land*, ns 7 (Dec 1990): 63-79.

42. Ng, Peter Tze Ming. "Timothy Richard: Christian Attitudes towards Other Religions and Cultures." *Studies in World Christianity* 14 no.1 (2008): 73-92.

43. Park, Sung Bae. *Buddhist Faith and Sudden Enlightenment*. Albany: State University of New York Press, 1983.

44. Paraskevopoulos, Nityaprabha J. "The Awakening of Faith in the Mahayana and its Significance for Shin Buddhism." *Pure Land*, ns no 13-14 (1997): 188-207.

45. Pye, Michael. "Comparative Hermeneutics in Religion." In *The Cardinal Meaning:Essays in Comparative Hermeneutics: Buddhism and Christianity*, edited by Michael Pye and Robert Morgan (The Hague: Mouton, 1973), pp. 9-58.

46. _____. "Suzuki Daisetsu's View of Buddhism and the Encounter between Eastern and Western Thought." *Eastern Buddhist*, ns 39 no.2 (2008): 1-25.

47. Robinson, Richard H. *Early Madhyamika in India and China*. Madison: University of Wisconsin Press.1967.

48. Richard, Timothy. *The New Testament of Higher Buddhism*. Edinburgh: T and T Clark, 1910.

49. _____. *An Epistle to All Buddhists*. Shanghai: Christian Literature Society, 1916.

50. _____. *Conversion by the million in China: being biographies and articles*, Vol.1. Shanghai: Christian Literature Society, 1907.

51. Snodgrass, Judith. *Presenting Japanese Buddhism to the West*. Chapel Hill: University of North Carolina Press, 2003.

52. Suzuki, Daisetsu Teitaro (tr.). *Asvaghosha's Discourse On the Awakening of Faith in the Mah ā y ā na*. Chicago: Open Court Publishing Company, 1900.

53. _____. *Outlines of Mahayana Buddhism*. Schocken Books Inc, 1963.

54. _____. "The International Mission of Mahayana Buddhism." *The Eastern Buddhist* 39, 2 (2008): 79-93.

55.Sharf, Robert. "The Zen of Japanese Nationalism." In *Curators of the Buddha: the study of Buddhism under colonialism*, edited by Donald S. Lopez (Chicago: University of Chicago Press, 1995), pp.116-121.

56. Soothill, William E. *Timothy Richard of China.* London: Seeley Service, 1926.

57. Scott, G. A. "Timothy Richard, World Religion, and Reading Christianity in Buddhist Grab." *Social Sciences and Missions,* 25 (2012): 53-75.

58. Streng, Frederick J. "Understanding Christian and Buddhist personal transformation: Luther's justification by faith and the Indian Buddhist perfection of wisdom." *Buddhist-Christian Studies,* 2 (1982): 15-44.

59. Thelle, Notto R. "The Conversion of the Missionary: Changes in Buddhist-Christian Relations in Early Twentieth-Century China. Christian Study Centre on Chinese Religion and Culture." *Ching Feng* n.s., 4.2 (2003): 131-156.

60. Turner, H. E. W. *The Patristic Doctrine of Redemption-A Study of the Development of Doctrine during the First Five centuries.* London: Mowbray, 1952.

61. Ueda, Shizuteru. "Outwardly, Be Open; Inwardly, Be Deep: D.T. Suzuki's Eastern Outlook." *Eastern Buddhist* 38:1; 38:2, (2007): 8-40.

62. Valea, Ernst M. *Buddhist-Christian Dialogue as Theological Exchange: An Orthodox Contribution to Comparative Theology.* Eugene: Pickwick Publications, 2015.

63. Van der Braak, André. "Meister Eckhart and The Awakening of Faith Sutra: The Continuous Self-Revelation of Buddha-nature." *Journal of Comparative Scripture* 3 (2014): 9-23.

64. Yong, Amos. *Pneumatology and the Christian-Buddhist dialogue: does the Spirit blow through the middle way?* Leiden; Boston: Brill, 2012.